Selbst-Berechnungen:
Optimierungen des Menschen in Romanen um 1930

Ralph Köhnen

Selbst-Berechnungen: Optimierungen des Menschen in Romanen um 1930

PETER LANG
Berlin - Bruxelles - Chennai - Lausanne - New York - Oxford

Bibliografische Information der Deutschen Nationalbibliothek
Die Deutsche Nationalbibliothek verzeichnet diese Publikation
in der Deutschen Nationalbibliografie; detaillierte bibliografische
Daten sind im Internet über http://dnb.d-nb.deabrufbar.

ISBN 978-3-631-91732-9 (Print)
E-ISBN 978-3-631-91733-6 (E-PDF)
E-ISBN 978-3-631-91734-3 (EPUB)
DOI 10.3726/b21732

Verlegt durch: Peter Lang GmbH, Berlin, Deutschland

info@peterlang.comwww.peterlang.com

Inhalt

Grundfragen

Das Selbstoptimierungs-Zeitalter kommt verheißungsvoll daher und ist eine Zumutung zugleich: Wie viele Tasks bewältige ich, ist meine to-do-Liste heute lang genug, wurde die tägliche Jogging-Runde in guter Zeit und mit vernünftiger Pulsfrequenz bewältigt? Habe ich maximale Effizienz im Beruf und danach bestmögliche Erholung geschafft, die sich auch quantifizieren lässt? Sind alle Familienmitglieder vorbildlich versorgt? Stimmen die Arbeitsergebnisse, ist der Output marktfähig? Habe ich mit Erfüllung des Tagesplans auch weitere Kompetenzen erworben, die benefitär für die Zukunft sein werden? Wie kann ich noch achtsamer gegenüber der Selbstachtsamkeit sein? Und habe ich genügend Informationen über meine Selbstoptimierung in die community gestreut?

All dies sind zwar heutige Fragen – vor allem in dieser konkreten Überspitzung und bis ins Ridiküle hinein –, die auch mittlerweile für die jüngere Literatur traktiert werden.[1] Angebahnt sind sie aber mit der langen Tradition der Selbstbeobachtung, die sich bis in die griechische Antike zurückverfolgen lässt und sich dann aufgrund ihrer Bindungsfreudigkeit unter theologischen, sodann ökonomischen, psychologischen, pädagogischen und technischen Vorzeichen in Richtung Effizienz gewandelt hat. Und ein Höhepunkt liegt in der Kulmination der technischen und sozialen, mithin diskursiven Bedingungen vor ziemlich genau 100 Jahren – Optimierung ist dann zwar immer noch Selbstreflexion, jedoch entscheidend an Techniken der Selbst-Buchführung und an Aufschreibsysteme gebunden, die diese wiederum medial und institutionell verschalten.[2] In den 1920er Jahren verbünden sich diese Techniken auf massenwirksame Weise zu Optimierungslogiken, die vom öffentlichen Raum in die private Körper- und Seelensphäre einziehen – es stehen perfektionierte Speicher- und Übertragungsmedien zur Verfügung, um damit Ziele der Selbstoptimierung zu verfolgen, ebenso wie ökonomische Ratgeberliteratur ihren Markt sucht. Ein Remedium findet sich in der Literatur, die hier in Form von mehreren Romanen dahingehend untersucht werden soll, wie dort Einzelfiguren danach streben, ihr Leben zu verbessern, und wie sich diese

1 Vgl. z.B. Tönsing 2022, die Selbstaufmerksamkeit als Wendung von der Pathogenese zur Salutogenese in permanenten Vorsorgetätigkeiten und ihre Verarbeitung im Wissen der Literatur darstellt.

2 Vgl. Kittler: *Aufschreibesysteme*, S. 519.

Optimierungskonzepte auch nicht nur thematisch, sondern ebenso in Erzähl- und Schreibstrategien niederschlagen. Damit ist zu zeigen, wie die Öffentlichkeit einen nochmaligen Strukturwandel erfährt: Im anspruchsvolleren Fall versuchen Romanfiguren, schreibend ihre Identität zu gewinnen und sich damit eine günstige soziale Position im Kampf um Aufmerksamkeitsressourcen zu verschaffen; analog gilt dies für das Bemühen um ökonomischen Erfolg. Weniger erfreulich verlaufen oft die Karrierekämpfe, wenn sie auf Publizität ohne Inhalt und ohne Basis zielen. Dafür ist die Filmwelt ein lukratives Gebiet, und Walter Benjamins Diagnose aus dem *Kunstwerk*-Essay nimmt hier die „fifteen minutes of fame" Andy Warhols vorweg: „Jeder heutige Mensch kann einen Anspruch erheben, gefilmt zu werden",[3] heißt es dort hellsichtig. Darin zeigt sich die zeitgenössische Publizitätschance, doch lässt sich auch unschwer erahnen, dass dies nicht für alle gut funktionieren kann und auf dem Revers der Glanzhoffnung Frustration hervorbringen wird. Jedenfalls entstehen aus dieser Haltung Erfolgszwänge, die unter industriellen Fabrikationsbedingungen Verhaltensoberflächen produzieren, welche sich dann als kühl, rational, aber auch sentimental darstellen können. Denn das Streben nach Perfektibilität ist nicht nur einem rationalen Grund zuzuschreiben, ebenso wenig wie die Konstruktionen der Moderne auf striktes Kalkül zu beschränken wären. Auf der Rückseite nämlich aller Zielberechnungen macht sich um 1900 als komplementäre Ergänzung eine irrationale, mystische Unterströmung geltend, eine „zweite Moderne", wie Beat Wyss sie genannt hat, die im besseren Fall selbstgenügsame, naive Naturphilosophie oder Esoterik bedeutet, im schlechten Fall in Schwärmerei und extreme Politik abdriften kann.[4] Vergleichbar, aber in einem größeren Rahmen haben Horkheimer und Adorno als Hauptproblem der (be)rechnenden Aufklärung eine inhaltsleere, auch durchaus gewaltsame Quantifizierung von Menschen und Dingen ausgemacht, die die Aufklärung selbst als totalitär erscheinen lässt – und zugleich die entzauberten Teile der Welt wieder heraufbeschwört.[5]

---

3 Walter Benjamin: *Das Kunstwerk im Zeitalter seiner technischen Reproduzierbarkeit*, GS I, S. 493.

4 So die Leitthese von Beat Wyss: *Der Wille zur Kunst* (1996) v.a. für die Kunstgeschichte, vergleichbar für die Literatur um 1900 Martina Wagner-Egelhaaf (*Mystik der Moderne*, 1989) über das Ungenügen mancher Literatur um 1900 an dem aufklärerisch-rationalen Einsatz von Sprache, was in die Suche nach alternativen Erkenntniswegen gemündet sei. Dass die Ästhetisierung des Politischen zu den Strategien des Faschismus gehört, ist Walter Benjamins plausible zeitgenössische Beobachtung (ebenfalls im *Kunstwerk*-Aufsatz, GS I, S. 506).

5 Max Horkheimer/Theodor W. Adorno: *Dialektik der Aufklärung* (1947); als einer der zentralen Sätze kann immer noch gelten: „Was dem Maß von

Wenn die Oberflächenbildung, wie sie über Markenartikel, schablonierte Rede und uniformiertes Verhalten funktioniert, zu einer Zeitsignatur wird,[6] lässt sich aus diesem Beobachtungsobjekt aber auch eine Untersuchungsmethode ableiten. Insofern man nämlich dem Verweisspiel der Oberflächen, die das gefeierte Leben bedeuten, die Semantiken entnehmen kann, die die Bedingungen für (Selbst-)Kulturen darstellen, lassen sich daran auch analytische Tiefenblicke ausrichten. So hat der Journalist und Sozialphilosoph Siegfried Kracauer in einem seiner epochalen Aufsätze festgestellt: „Der Ort, den eine Epoche im Geschichtsprozeß einnimmt, ist aus der Analyse ihrer unscheinbaren Oberflächenäußerungen schlagender zu bestimmen als aus den Urteilen der Epoche über sich selbst."[7] Kracauer, Benjamin und die beginnende Frankfurter Schule fangen nicht von ungefähr in den späten 1920er Jahren an, ökonomische oder technisch-mechanische Prinzipien auch als modus operandi von Text- und Bildformen festzumachen. Die vorliegende Studie folgt diesem Ansatz, den man als Vorläufer der Gouvernementalitätsstudien sehen mag, die das Konzept eines souverän wählenden Subjekts in seinen Selbstermächtigungspraktiken und Selbst(sorge)poetiken ablehnen und dagegen seine Abhängigkeit von gesellschaftsweiten Diskursen zeigen. Die Annahme lässt sich auch so formulieren: Der individuelle Wunsch von Selbstoptimierung zielt auf Formenaneignung und Autonomiegewinn, ist aber insgesamt Teil einer Diskursmaschinerie, aus der man sich nur schwer herausdenken kann, an deren Formen man vielmehr unausweichlich teilhat. Um dies zu zeigen, kann dann Ratgeberliteratur, Werbung, Film und Mode ebenso herangezogen werden wie Romanliteratur oder Essayistik – sie alle geben in ihren spezifischen Zeichenformationen, die hier auch in Form von close reading erschlossen werden sollen, Auskunft über eine historische Tiefensemantik, die Arbeitszeitregimes und Selbstkontrollen umfasst. Damit werden die Verbesserungsstrategien des Individuums in das Blickfeld gerückt, und für die 1920er Jahre sollen diese ausgehend von erfolgreicher ökonomischer Ratgeberliteratur, namentlich Gustav Großmanns *Sich selbst rationalisieren* (1927), und soziologisch-ökonomischen Quellentexten (z.B. Kracauers *Angestellten*-Studie

---

Berechenbarkeit und Nützlichkeit sich nicht fügen will, gilt der Aufklärung für verdächtig" (1947/1998, S. 22).

6 Vgl. Lethen 1970 und 1995.

7 Siegfried Kracauer: *Ornament der Masse*, S. 50. Zu Kracauers Gesellschaftsanalysen, die stets durch phänomenologisch klare, originelle Blicke auf die Dingkonkretion jenseits aller Ideologie geleitet sind und Oberflächen wörtlich nehmen als Hinweise auf zugrunde liegende Strukturen vgl. die Beiträge in Grunert/Kimmich 2009.

von 1929) gezeigt werden. Vor diesem Hintergrund sollen zeitgenössisch erfolgreiche Romane einbezogen werden, in denen der Takt der Arbeit, die Vermessung des Menschen und seine Optimierungsversuche ebenfalls thematisiert werden – Optimierung hier noch etwas weiter gedacht als nur in jener quantifizierbaren Verbesserung, die dem Leitcode „rentabel – nicht rentabel" verpflichtet ist, sondern darüber hinaus als ästhetische Erweiterung. Es mag hieraus schon deutlich werden, dass die Beziehungen zwischen Oberflächen- und Tiefensemantiken keine einfachen sind; erst recht wird man nicht den einen singulären Angelpunkt für die anhaltende Konjunktur der Selbstoptimierung finden. Die Begründung liegt vielmehr in der Vernetzung diskursiver Bedingungen, worauf auch die Romanliteratur in Form, Faktur und Inhalt hinweist. Dies soll an Beispielen Irmgard Keuns, Erich Kästners und Vicki Baums gezeigt werden, die bereits die vorläufige Summe der rasanten Entwicklungen in den 1920er Jahren ziehen – um daraus insgesamt ein Bild zu gewinnen, das zeigt, wie heutige Selbstoptimierungskonzepte maßgeblich vor hundert Jahren zum ersten Mal in eine verdichtete Konstellation getreten sind, nämlich unter forcierten medialen Bedingungen, (arbeits-)psychologischen Faktoren, aber auch medizinisch-kosmetischen Aspekten.

Das kalkulatorische Regime – eine kleine Mediologie des (be)rechnenden Menschen

Die Wurzeln der ökonomischen Persönlichkeit sind bis in die Antike zurückzuverfolgen – von dort an werden Introspektion und Selbsttechniken des Aufschreibens z.B. in Form von Hypomnemata empfohlen, sie entwickeln sich in verschiedene Verästelungen der Tagebuchführung hinein und werden mit unterschiedlichen Diskursen angereichert bzw. neu aufgeladen: Die frühen ethisch-moralischen Selbstprüfungen münden zunächst in religiöse Beichttechniken, die durch medizinische Protokolle und auch ökonomische Zähltechniken erweitert werden.

All diese Wissenssysteme mit ihren spezifischen Terminologien und Notationsformen haben das Tagebuchschreiben seit der frühen Moderne beeinflusst, und insofern geht die Diaristik weit über die Selbstvergewisserung und den Innerlichkeitsausdruck hinaus (worauf sie in literaturwissenschaftlichen Studien oft reduziert wurde). Vielmehr stellt dieses Schreiben einen Modus der permanenten Selbstbeobachtung dar, insbesondere mit den technisch avancierten Mitteln der Selbstschrift, die eben nicht nur zur Selbstdarstellung nach außen dienen, sondern die betreffende Person in eine dauerhafte rekursive Schleife der Selbstverbesserung schicken.

Die Frührenaissance stellt den Beginn einer mächtigen Tradition ökonomischer Literatur dar, die nicht nur technische Expertise verbreiten wollte, sondern dazu auch die passende Idealfigur des (vor-)sorgenden Hausvaters und überhaupt der ökonomisch denkenden Persönlichkeit entwarf – so zum Beispiel in Leon Battista Albertis *Della famiglia* (1432), das sich mit Fragen der Familienethik und der individuellen Lebensführung beschäftigte, die immer auch mit Zeiteinteilung und einem gehörigen Maß an Nutzorientierung zu tun haben. Historisch orientiert sich Albertis *Hauswesen* an der antiken Maßhaltephilosophie bzw. Diätetik eines Galen; der moderne Anteil dieser Ethik ist aber, dass die seelisch-medizinischen Überlegungen bereits unter das Diktat der Zeit gestellt werden:

> „Um den Körper zu heilen und gesund zu machen, setzt man alles, was kostbar ist, ein; um die Seele tugendhaft, ruhig und glücklich zu machen, opfert man alle Gelüste und Begierden des Körpers; wie sehr aber die Zeit zum Wohle des Körpers und zum Glück der Seele nötig ist, könnt ihr selbst ermessen, und so werdet ihr finden, daß die Zeit bei weitem das Kostbarste ist."[8]

Dass Zeit gleich Geld ist, wird meistens über Benjamin Franklins viel zitiertes Diktum „Time is Money" wiedergegeben, mit dem er 1748 einen jungen Geschäftsmann zur Arbeit anleitete.[9] Zur Haushaltung gehört aber seit der Renaissance auch schon der Seelenbereich, anliegend wiederum Hygiene und freundliches Verhalten, gestützt durch moderate, sanfte Leibesübungen.[10] Es wird hier eine frühmoderne Lebenskonzeption vorgestellt, die Burckhardt als „das erste Programm einer vollendeten durchgebildeten Privatexistenz"[11] bezeichnet hat und die ihre Wurzeln in der Antike, ihre späten Konsequenzen aber noch im 20. Jahrhundert aufweist. Wenn auch dort oft ablehnend diskutiert, wird dies in der Gegenwart der 2020er Jahre dann unter Vorbehalten der Selbstachtsamkeit wieder aufgegriffen werden.

Was die Wirtschaftslehren angeht, ist Benedetto Cotrugli's Traktat *Della mercatura et del mercante perfetto* (1458) das wohl erste systematisch aufgebaute Werk mit Anmerkungen zur Persönlichkeitsbildung des Kaufmanns, der hier als Prototyp einer neuen Berufsgruppe im Mittelpunkt steht. Das dort entworfene Persönlichkeitsideal eines *uomo universale* wird über klassizistische Vorstellungen des 18. Jahrhunderts bis

8 Alberti: *Vom Hauswesen* (Gianozzo, S. 217 f.).

9 Benjamin Franklin: *Advice to a Young Tradesman*, 21. Juli 1748 (franklinpapers.org).

10 Vgl. Alberti: *Vom Hauswesen* (Gianozzo, S. 217 f. bzw. S. 225).

11 So Jacob Burckhardt über Albertis *Hauswesen* (S. 137), der den Autor als Inbegriff des „uomo universale" darstellt (S. 139).

ins 20. Jahrhundert immer wieder angesprochen, allerdings dort auch nur noch als ferne Wunschvorstellung – Maximen zur Lebenskunst begleiten die ökonomischen Lehren, die insgesamt den Weg zur *vita beata* weisen.[12]

Die technischen Strategien der Ökonomie werden dann stärker mit Luca Paciolis *doppelter Buchführung* erarbeitet und in den *Abhandlungen über die Buchhaltung* (1494) publikumsträchtig ausgebaut. Pacioli übernimmt nun die Einteilung in Memorial, Journal und Hauptbuch und weist gleichfalls das Memorial als Niederlegungsort für tägliche und stündliche exakte Notizen der Handelsgeschäfte aus.[13] Neben der Zweispaltenschreibung der Umsätze von Aktiva und Passiva ist dort auch die Notation von Vorsätzen, Taten oder Ereignissen deutlich entwickelt – noch Goethe (im *Wilhelm Meister*) und Wirtschaftsratgeber des 20. Jahrhunderts wie Gustav Großmann werden dieses Prinzip empfehlen.

Auch das Bild des kaufmännischen als eines aktiven, guten Lebens wird bis zu den ordoliberalen Wirtschaftslehren des 20. Jahrhunderts erhalten bleiben – sei es in der schlanken Form der puritanischen Wirtschaftshaltung mit Ausblick auf spätere himmlische Belohnung oder in der Vorstellung der klugen Wirtschaftslenkung als Profitstreben bis hin zu Ideen der praktischen Effizienz und auch ästhetischen Einsatzformen, die wiederum ins soziale Leben diffundieren (wie in Goethes *Wilhelm Meisters Wanderjahre*). Techniken der Rationalisierung und Selbstrechtfertigung haben die protestantische Arbeitsethik, wie sie Max Weber eingehend analysiert hat, geprägt – die Abkömmlinge des Protestantismus, die Calvinistische Internationale mit ihrer Prädestinationslehre und der anglo-amerikanische Puritanismus fügten den bestehenden Tendenzen der Selbstökonomisierung eine wirkungsmächtige Struktur mit Überbau hinzu, der für das weltimmanente Leben maßgeschneidert war.

Wenn Friedrich Nietzsche allgemein vom Menschen als Probierfeld gesprochen hat – „wir sind Experimente: wollen es auch sein“[14] –, so lässt sich auch die ökonomische Tätigkeit hier fassen mit dem rechnenden, rationalen Menschen als Selbstexperiment unserer Spezies, das laut Joseph Vogl seit der Renaissance stattgefunden hat und in der Gegenwart kulminiert. Eindrücklich hat dies Georg Simmel dargestellt mit kritischen Anmerkungen zum modernen Zeitgeist, der ein „rechnender“ geworden sei, wodurch „in das Verhältnis der Lebenselemente eine Präzision“ gekommen ist, mit der man alle Interaktion „aufs pünktlichste in

12 So Cotrugli in *Libro de l'arte de la mercatura* (2016), Buch IV, Kap. 10, S. 188.
13 Vgl. Luca Pacioli: *De computis et scripturis* (1494), Kap. 6, S. 97 und S. 200.
14 Friedrich Nietzsche: *Morgenröthe. Gedanken über die moralischen Vorurtheile*, I, S. 1231.

ein festes, übersubjektives Zeitschema" einordne.[15] Der Mensch, so wiederum Vogl, ist Akteur, aber zugleich auch Gegenstand von Programmen, die zur *vita activa* herausfordern, dabei einen flexiblen Menschen voraussetzen, der entscheidungsfreudig durch die Welt navigiert, angeleitet durch seine Erwerbsgier.[16] Für die vorliegende Studie ist auch die narratologische Generalthese Vogls interessant, dass die ökonomischen Denkweisen tiefe Spuren in den Erzählsystemen und Selbstschriftengattungen hinterlassen haben. Es sei die Buchhaltung, die damit beginnt, die (Selbst-)Erzählung zu formen, und so wirkt sie als Dispositiv für ein entstehendes „Bilanz-Subjekt", das permanenten Selbstberechnungen unterworfen ist und diese in einen „innerweltlichen Lebenslauf" einfügt.[17] Allein schon die Visualität der Zahlenkolonnen, der Warenein/ausgänge oder der Vorhaben und Arbeitsleistungen setzt in den Stand, den Blick des handelnden Subjekts auf sich selbst zu systematisieren und zu lenken. Die Einheit des Tages wird (neben der Jahresbilanz) zu einem Zeitmaß, das noch heute (und mehr denn je) für das Gelingen oder Misslingen von Geschäftsvorgängen entscheidend ist – hieraus werden (Miss-)Erfolgsbilanzen des einzelnen Tages und Lebens abgeleitet, und wenn ein Tag nicht gut war, nimmt man den nächsten als neue Aufbaumöglichkeit wahr. So lässt sich in den Aufschreibvorgängen eine Grundlage des modernen Tagebuchfu¨hrens ausmachen, das auf ökonomischer Basis betrieben wird: „Jeder Tag ist gewissermaßen Bilanz- und Gerichtstag und wird gemustert nach seinem Ertrag."[18] Diese Mechanik eines Aktivitätenregimes wird in den Selbstlenkungsvorgängen noch des 20. Jahrhunderts wichtig bleiben und soll hier beobachtet werden, allerdings als Teil eines noch größeren semiologischen Netzwerks, das aus religiösen, selbstphilosophischen, literarischen, kybernetisch-informatischen oder medizinischen Gliedern insgesamt besteht.

Zugleich ist zu erkennen, dass nicht nur die Ideen, sondern auch die Medien des Aufschreibens und industriell-technische Entwicklungen mit verschiedenen Wissensbranchen den Optimierungsgedanken des Subjekts um 1900 vorantreiben. Experimente in Psychologie und Physiologie führen über die Beobachtung hinaus zu verbessernden Anwendungen und zur

15 Georg Simmel: *Die Großstädte und das Geistesleben* (1903), S. 122.

16 Vgl. Joseph Vogls Aufsatz zur *Poetik des ökonomischen Menschen* (2007) sowie die vorausgehende umfassende Studie über *Kalku¨l und Leidenschaft* (2004). Zu relativieren ist allerdings die Festlegung des Rechenwesens auf den Kapitalismus – unten soll gezeigt werden, dass sich das ökonomische Kalkül durchaus auch in der USSR finden lässt.

17 Joseph Vogl: *Poetik des ökonomischen Menschen*, S. 551.

18 Joseph Vogl: *Poetik des ökonomischen Menschen*, S. 550.

Fixierung von Arbeitsstandards, die mit großer Selbstdisziplin verinnerlicht werden sollen. Solche Strategien der Selbstrationalisierung werden im Folgenden mitsamt zeitgenössischen Fragen der Wirtschaftsexpansion und des persönlichen Erfolges, all dies im Namen eines permanenten Fortschritts und andauernder Perfektibilität, in den Blick genommen. Zu zeigen ist dann, wie sich diese Lehren der (Betriebs-)Psychologie und der Psychotechnik bei Gustav Großmann, dem vielleicht wichtigsten Wirtschaftsratgeber des 20. Jahrhunderts, niedergeschlagen haben.[19]

Vermessungen des Menschen: empirische Psychologie und Arbeitswissenschaften

Aufzeichnungsmedien um 1900 parzellieren, detaillieren und geben Rohdaten zum Synthetisieren – damit werden Wahrnehmungswerte zum Objekt eines bloßen Zählens, und um das Zählwerk zu verbessern, werden wiederum die Medien verfeinert. Dahinter hat sich aber längst eine Tradition der soziologischen Rechentechnik etabliert: Theoretisch seit Leibniz, verbreiteter aber seit der Gaußschen Glockenkurve bestimmen die Überlegungen zur Wahrscheinlichkeitsberechnung von Ereignissen auch die Normvorstellungen – und damit wiederum Devianzen nach oben oder unten, die sich auf Leistungsskalen eintragen lassen. Im 19. Jahrhundert war dafür der Sozialstatistiker Adolphe Quetelet (1796–1874) die maßgebliche Instanz, und er machte sich dann vor allem mit der Vermessung des Menschen (etwa auch des Verhältnisses von Gewicht und Wuchs) daran, Typen zu ermitteln und durch nationale sowie vergleichend internationale Statistik Durchschnittswerte und deren Verhältnis zum Individuum zu berechnen, insbesondere was Bildungsstände, Eigentum und Einkommen und damit in Beziehung stehende Kriminalitätsraten angeht.[20] An Quetelets Forschungen können verschiedene Experimentatoren anknüpfen. Die anthropometrischen Vermessungen, die Alphonse Bertillon in den 1880er Jahren vorgenommen hat, sind zunächst analytisch orientiert: Körperteile werden kartiert oder Gesichtspartien fotografisch serialisiert, sodann werden Merkmalskombinationen in einer Buchstabenformel zusammengefasst, woraus gewaltige Archive

19 Vgl. Gustav Großmann: *Sich selbst rationalisieren: Wesen und Praxis der Vorbereitung persönlichen und beruflichen Erfolgs* (1927).

20 Adolphe Quetelet: *Über den Menschen und die Entwicklung seiner Fähigkeiten* (1838); zu den deterministischen Grundannahmen Quetelets und seiner folgenreichen Methodik vgl. Tafreshi 2022.

entstehen.[21] Francis Galton stellt dann aus Gesichtsfotografien Kompositbilder zusammen, synthetisiert also Einzelansichten, um mimische Typologien und daraus physiologische Mittelwerte zu gewinnen.[22] Wenngleich hier der Leitgedanke ein kriminologischer ist, entspricht doch das Paradigma von Devianz den Vermessungsabsichten überhaupt, mit denen auch Leistungsverhalten geprüft werden kann – bei Galton geschieht dies dann mit deutlichen Implikationen für eine Eugenik, die hier nahtlos (und auch im Gegensinn des „Übermenschen“) anknüpfen kann. Dafür lassen sich in der Anthropologie nach 1900 zum Beispiel in Rudolf Goldscheids Soziologie Spuren finden (die im Zusammenhang mit Großmann unten dargestellt sind).

Mit der Epochenschwelle, die Edisons Phonograph 1877 markiert, beginnt die Zeit der akustischen und dann auch der optischen Speichermedien, die Realbewegungen aufzeichnen. Der Phonograph als Parlograph macht es möglich, dass die auf einer Walze eingeritzte Stimme den Sprecher überlebt; Ähnliches gilt für Serienfotografie und Film, und all diese Medien dienen nicht vorab der Unterhaltung, sondern der Dokumentation und Analyse von Bewegungen. Auch hier gilt der Grundsatz, Oberflächenphänomene zu zerlegen, um sie zu speichern, sie einzuritzen in den Datenträger Schellack oder Zelluloid – akustische und optische Speichermedien zerstückeln Bewegungsabläufe zu bloßen Bewegungswerten ohne Subjekt. Die Serienfotografie durch Muybridge oder Marey kann seit 1872 Bewegungsabläufe festhalten, womit sich dann auch Sprechvorgänge in Einzelbilder zerlegen lassen. Georges Demeny machte sich 1891 daran, seine Rede zu fotografieren, um damit optische und motorische Daten des Sprechens zu gewinnen – wenn er sein Gesicht beim Sprechen des Satzes „Je vous aime“ als Serie von Einzelmomenten fotografiert, zeigt dies nur eine von vielen Möglichkeiten, Mimik, Gestik und Nervenregungen einer Bewegungsanalyse zu unterziehen, die in der experimentellen Psychologie Norm- und Typenanalysen ermöglicht und auch Verbesserungen der Bewegungsabläufe in der Betriebspsychologie ergeben wird.

Der Film führt als optische Spurensicherung die Strategie der Aufzeichnung weiter. Dabei nimmt er nicht kontinuierlich Wirklichkeit auf, sondern zerlegt sie in 16 bzw. 24 Bilder, um aus dieser Parzellierung durch Schnitttechniken die Bilder beliebig zu komponieren – worin grundsätzlich seine Gestaltungsmittel der Wirklichkeit zur Geltung kommen. Auch

21 Francis Galton wird dann umgekehrt eine Synthese aus Gesichtsfotografien zu Kompositbildern zusammenstellen; vgl. Rieger 2001, S. 143 ff. und Kittler 1987, S. 181 ff.

22 Vgl. Rieger 2001, S. 143 ff.

dieses Medium folgt dem Prinzip der Elementenanalyse, der Bildung modularer Einheiten und ihrer weiterführenden Kombination bzw. Synthese. Bekanntlich steht in diesem Zusammenhang auch die Entwicklung der Datenspeicher bis hin zum Computer, die nach demselben Prinzip der Zerlegung und Kombination verfahren. Herman Holleriths Lochkartenmaschine, mit der 1889 die statistischen Zählverfahren beschleunigt werden sollten, arbeitete mit Zählblättchen, die durch simple gestanzte Löcher in einem Datenfeld einen Stromkreis in „geschlossen" oder „nicht geschlossen" gliederten, codiert als „ja" oder „nein" – um durch Reduktion der Zeichenwelt auf die puren Elemente und ihre Verknüpfungen alle relevanten Informationen in einen simplen binären Code zu zerlegen. Ursprünglich für Sozialstatistiken ersonnen, ist der Apparat vielseitig verwendbar, für Vermessungen prinzipiell tauglich – und er beschleunigt um 1900 rasant den Einzug von Statistik ins individuelle Leben.

In der empirischen Psychologie Hermann von Helmholtz' lautet die zentrale Frage der Messungen, wie aus einem Sinnesreiz eine bewusste Wahrnehmung wird – was noch dem heutigen Paradigma der perzeptuellen Informationsverarbeitung entspricht, also der konstruktivistischen Vorstellung einer Repräsentation der Welt in Zeichen. Bemerkenswert ist in diesem Zusammenhang aber auch Helmholtz' Methodik, die um 1900 die experimentelle Psychologie prägte – und die Ästhetik gleich mit. So wie Helmholtz um 1850 als erster die Fortsetzungsgeschwindigkeit der Nervenreize gemessen hat, erforschte und quantifizierte er auch die Sehleistungen. Eine fundamentale Erkenntnis ist dabei, dass die Außenreize nach internen Wahrnehmungsgesetzen erst geformt werden und insofern kein „realistisches" Bild, sondern ein Konstrukt und eine Syntheseleistung bilden: Die Augentatsachen als „Empfindungsaggregate" sind bloße Effekte der Außenweltobjekte auf das Nervensystem, die aber nichts über die objektiven Zustände selbst aussagen.[23] Die Experimente im Labor sind fortgesetzt worden in jenen anthropometrischen Studien, die um 1900 sprachliche Äußerungen sowie Reizverarbeitungen berechnen. In diesem Sinne hat die empirische Psychologie Reflexe getestet, die Retina stimuliert, sprachliche und motorische Reaktionen quantifiziert, freie Assoziationen sprechen und aufschreiben lassen, Buchstabierübungen von Lauten unternommen, mit Schwachstrom und Magnetfeldern zur Nervenreizung gearbeitet oder die Raumwahrnehmung der Probanden getestet. Unter diesen Bedingungen wird der Mensch selbst zum Medium, sein Körper zwischen Nervenspannung und Reizen der Außenwelt getestet, um seine Reflexe zu kontrollieren, sie zu rhythmisieren und allgemein

---

23 Vgl. Helmholtz I, S. 41; I, S. 141; II, S. 228.

die Leistungsfähigkeit zu optimieren. Solche Notationen von verbalen Äußerungen zertrümmern aber Sprechzusammenhänge und bringen die Elemente in neue Zusammenhänge. In den Apparaten vernetzt wird der Proband isoliert vom Sinn seiner Sprache, die experimentell in Statistik aufgelöst wird. Darin liegt eine Krisenerfahrung, die sich zum geläufigen sozialpsychologischen Befund der Ich-Dissoziation als Großstadtproblem um 1900 addiert, insofern Messapparate zunehmend in den Alltag drängen, sei es in medizinischen, sei es in psychologischen Zusammenhängen. Zugleich werden sich Malerei und Literatur mit den Helmholtzschen Empfindungsaggregaten befassen und aus den Rohdaten der Wahrnehmung impressionistische oder symbolistische Kunst machen.

Dynamik, Steigerung des physiologischen Reizniveaus und gleichzeitige Erhöhung des technischen Standards prägen bereits die Entstehungsbedingungen des Kinos mit seiner agonalen Ästhetik. Es ist insofern nicht nur Showbusiness und Zerstreuung, sondern in seiner experimentellen Seite auch physiologisches Training, das den Zuschauer dazu veranlasst, sich einen schwebenden, schnell schweifenden Blick anzueignen, der die Schwerkraft hinter oder unter sich lässt. In seinem *Kunstwerk*-Essay hat Walter Benjamin die technischen Möglichkeiten des Films ausgeführt, die neue Wahrnehmungsweisen schaffen, wenn sich zwischen den „weitverstreuten Trümmern" der gewohnten Wahrnehmungswelt „abenteuerliche Reisen" unternehmen lassen.[24] Kino spiegelt damit nicht nur moderne Medien- und Lebenstempoerfahrungen; sondern ermöglicht auch als Wahrnehmungstraining, durch Bildunterbrechung in subjektiven Nachbildern Verlangsamung zu üben.

Mit feinem Gespür hat der Berliner Soziologe Georg Simmel an der „*Steigerung des Nervenlebens*" auch dessen Dialektik herausgearbeitet[25] – in der Chance für das nach Erweiterung der Lebens- und Verdienstmöglichkeiten strebende Individuum liegt umgekehrt ein Krisenpunkt des schnellen, lauten und entfremdeten Lebens mit seinen zu kurz getakteten Bewusstseinsquanten, das der Einzelne in den harten, versachlichten, funktionalisierten Verhältnissen mehr auf sich nimmt als sich willentlich aneignet.

---

24 Walter Benjamin: *Das Kunstwerk im Zeitalter seiner technischen Reproduzierbarkeit*, GS I, S. 500.

25 Georg Simmel: *Die Großstädte und das Geistesleben* (1903), S. 119 (kursiv i.O.), auch die Beschleunigung von Nervenreizen in internationalen Geldströmen und die „extreme Steigerung des Lebenstempos" hat Simmel präzise beschrieben (*Die Bedeutung des Geldes für das Tempo des Lebens* (1897), S. 101).

Um 1900 gelangt das Dispositiv der Selbstoptimierung aufgrund der medientechnischen Entwicklungen, aber auch der neuen soziologischen Tatbestände (Landflucht, Arbeitsmarkt, Steigerung von Lebensintensität) auf einen ersten Höhepunkt. Um diese Verhältnisse in den Griff zu bekommen und zu gesteigerter Produktivität zu treiben, wird in der Berufspsychologie das Arbeits- wie auch das Privatleben kartiert, was gewaltigen Einfluss auf die Normbildung des Subjekts hat. Hier wiederum kommen die Arbeitswissenschaften ins Spiel, die unter marktwirtschaftlicher Orientierung sowohl psychologische als auch technisch-mechanische Faktoren betrachten, um mit der verbesserten Leistung des einzelnen weniger dessen Wohl zu erhöhen, sondern zunächst einmal die Herstellungszahlen und den Firmenabsatz zu steigern.

Im Takt einer fordistischen Moderne lassen sich Serienprodukte am Fließband herstellen, aber begleitet wird dies maßgeblich durch Frederick W. Taylors Strategien einer „wissenschaftlichen" Betriebsführung. Damit werden Industrie- und Arbeitsprotokolle erhoben, die sich als Datensammlungen verselbstständigen – was wiederum einen Rebound-Effekt erzeugt, insofern dadurch nochmals verfeinerte Datenerhebungen und im Zwischenschritt auch immer mehr Verwaltungstätigkeiten benötigt werden (sowohl der Daten als auch derjenigen, die die Daten erheben).[26]

Unter Einfluss von Taylor's *Principles of Scientific Management* (1911) orientieren sich Teile der Psychologie in Deutschland neu und wenden ihre Labortätigkeiten in Richtung Berufspraxis. In Taylors Sicht einer forcierten Ökonomisierung und Körperdisziplin ist ein großer Teil von Energieverlust der nur pflichtschuldigen Erledigung, der Unterforderung oder Bummelei geschuldet – „soldiering" und „hanging it out"[27] werden als Taktikmaßnahmen der Arbeiter angeführt, um die Standards einer bestimmten Aufgabe zu senken. Allerdings richtet Taylor seine Kritik mehr noch gegen die Vagheit und Ineffizienz der traditionellen, intuitiven Methoden unergiebiger Arbeitsprozesse – dagegen zielt er auf „substitution of scientific for rule-of-thumb methods in even the smallest details of the work of every trade."[28] Mit den alten Konzepten ist auch das Unternehmergenie gemeint, das allein durch Intuition die Geschicke lenkt, ebenso wie der Arbeiter, der nur auf die individuelle Initiative seiner Selbstmotivation angewiesen ist. Eine moderne Beziehung von Arbeitgeber und -nehmer sollte dagegen basiert sein auf „the joint effort of the workman

26 Eine fundierte und mit gebotener Ironie versehene Analyse der sich selbst potenzierenden Bürokratie hat David Graeber (2015) vorgelegt.

27 Frederick W. Taylor: *The Principles of Scientific Management* (1911), S. 11.

28 Taylor 1911, S. 14.

and the management", um gerade beidseitigen Individualismus zu überwinden zugunsten eines professionalisierten, d.h. entsubjektivierten Vorgehens.[29] Taylor spricht von „friendly help" und „close, intimate, personal cooperation between the management and the men" – darin liege die Essenz moderner Betriebsführung.[30] Dieses Training als Erziehung und Entwicklung von Arbeitnehmern wird durchgeführt von Spezialisten, die Körperbewegungen analysieren und dabei unterscheiden zwischen den nützlichen und überflüssigen, effizienten und ziellosen Bewegungen der Arbeiter.[31] Sie nehmen die Bedingungen der Arbeitsplätze in Augenschein, zeichnen Ermüdungseffekte auf, registrieren Überarbeitung und Erschöpfung, schätzen die Pausenzeiten ein und beurteilen die Ausdauer des einzelnen Arbeiters. All dies wird unternommen, um Muster zu erkennen und daraus wiederum Regeln zur Etablierung von Arbeitsrhythmen sowie ein ökonomisches Verhalten allgemein zu ermöglichen. Taylor empfiehlt, dabei mit Augenmaß vorzugehen und die praktischen Maßnahmen der wissenschaftlichen Betriebsführung (z.B. Zeitsparmaßnahmen) nicht zu plötzlich anzusetzen – also keine übereilte Disruption durchzudrücken, sondern ausgewogene Strategien einzusetzen, die die spezifischen Begleitumstände ins Kalkül ziehen. Die Lerngeschwindigkeit solle nicht überreizt werden, weil das Training auch individuell abzustimmen sei. In wenigen Glaubenssätzen fast Taylor seine Grundüberzeugung zusammen:

> „Science, not rule of thumb.
> Harmony, not discord.
> Maximum output, in place of restricted output.
> The development of each man to his greatest efficiency and prosperity."[32]

Die eigentlich unkomplizierten Maßnahmen, die Taylor vorschlägt, basieren weniger auf physiologischen, sondern auf einfachen empirischen Beobachtungen zumeist der Motorik. Sie sind allesamt auf die rechnerisch-ökonomische Arbeitsgestaltung abgezweckt, und die Methode ist schlicht – nämlich präzise die Bewegungen und Arbeitsmittel aufzeichnen, im Versuchsdurchlauf die Bedingungen variieren und einen empirischen Datensatz bilden. Dabei sind ein paar wenige Voraussetzungen zu beachten: Kärtchen mit Anweisungen für Arbeiter drucken, ein Wege-Netzwerk bilden, Werkzeuge standardisieren, ein Planungsbüro und Archivräume schaffen, um die Skizzenbücher und Datensammlungen aufzuheben.[33]

---

29 Taylor 1911, S. 23.
30 Taylor 1911, S. 15 f.
31 Taylor 1911, S. 14.
32 Taylor 1911, S. 72.
33 Vgl. Taylor 1911, S. 22; 68.

Solche Infrastruktur ist nicht sonderlich anspruchsvoll, aber die simple Methodik und der Umgang mit den Ergebnissen sind wegweisend weit über die 1920er Jahre hinaus, und sie werden auch auf die Bürotätigkeiten ausgedehnt, die etwa der Wirtschaftsberater Gustav Großmann im Sinn hat. Die Detailliertheit der Aufzeichnungen, die Beachtung winziger Einzelheiten sowie die Präzision unparteiischen, unverzerrten Registrierens werden als unbedingte Grundlage eines jeden ökonomischen Erfolgs betrachtet. So unmittelbar Taylors Forschungen auf die Gegenwart gerichtet sind, haben sie doch als Heuristik eine große Bedeutung entwickelt und tragen auch dieses Selbstverständnis des Regel- und Maßstabsetzens; Großmanns Notationen zielen mehr auf Pläne für die unmittelbare Zukunft und sind stärker individualisiert.

Wenn auch die Erwartungen Taylors auf das Maximum des Ertrags bei jedem Arbeiter und jeder Maschine gerichtet waren, insistierte er darauf, dass das Hauptinteresse eines jeden Managements darin liegen müsse „to secure the maximum prosperity for the employer, coupled with the maximum prosperity for each employé."[34] Das Eigeninteresse der Arbeitgeber zu übersehen mutet etwas naiv an, und man mag es als Täuschung einschätzen, dass hier die Einkommensseite betont wird. Es ist dies aber auch im Paradigmenwechsel von einer Angebots- zu einer Kaufkrafttheorie zu sehen, der in den 1920er Jahren in den USA angebahnt und später Teil des New Deals sein wird – ohne vernünftige Entlohnung keine Kaufkraft, ohne diese keine Wirtschaftsleistung, so wird die Folgerung lauten. Und Taylor ist immens daran gelegen, die mächtige Idee zu verbreiten, dass Massenkonsum durch Arbeiter ermöglicht wird: nicht nur durch Arbeitsproduktivität und niedrige Preise, sondern auch durch möglichst hohe Löhne. Dass sich 1935 die beiden sowjetrussischen Schriftsteller Ilja Ilf und Jewgeni Petrow bei einer Reise durch die USA, in der Hochphase des New Deal also, mit kritischen und anerkennenden Wahrnehmungen gleichermaßen über das Arbeits- und Alltagsleben der US-Amerikaner äußern, mag als Indiz ernster genommen werden als die Selbstpreisungen und Absichtsreden Taylors. Denn Ilf und Petrow lassen keinen Zweifel an der Beobachtung, dass Produktivität und technischer Standard in diesem Land weit vorangeschritten seien und die amerikanischen Beschäftigten gerade im Servicebereich ein hohes Maß an Überzeugung zeigen: Allen gehe „es darum, wie man seine Arbeit tut", und dies sei erkennbar mit hohem „commitment" (wie man heute sagen würde) verbunden.[35]

---

34 Taylor 1911, S. 9.

35 Vgl. Karl Schlögel: *American Matrix* (2023), S. 119–125, zit. S. 124.

Der Kaufkraft-Gedanke ist ähnlich geprägt wie bei Henry Fords Ansatz, Mindestlöhne in den Blick zu nehmen und sie so weit wie möglich anzuheben – ohne dies sei es schlicht nicht möglich, die unter optimierten Bedingungen massenhaft produzierten Waren auch zu kaufen, jedenfalls nicht im Binnenmarkt: „Gerade dieser Gedanke der Vergrößerung der Kaufkraft durch Zahlung hoher Löhne und Verkauf zu niedrigen Preisen bedingt das Gedeihen unseres Landes.“[36] Gedacht ist durchaus an eine gerechte Verteilung der Produkte bzw. ein Zirkulieren der Waren, wobei als feste Prämisse bleibt, dass aus Fließbandfertigung und Förderbändern das Maximum herausgeholt werden sollte, was nicht ohne humane Arbeitslasten zu bewerkstelligen ist.

Henry Ford ist derjenige, der noch stärkere messianische Prophezeiungen mit seinem Fließbandmodell verbindet als Taylor, der eher trocken-pragmatisch arbeitet. Bei verbesserter Nutzung der Energie-, Material- und natürlich Zeitressourcen lautet die Verheißung: „Wir leben in dem großen Zeitalter der Umwandlung des Lebenskampfes in den Lebensgenuß“,[37] so wird das Goldene Zeitalter eingeläutet. Eine weithin vertretene und auch plausible Hypothese ist insofern, dass nicht nur Massenproduktion, sondern auch Massenkonsumption die Standardisierung durch uniformes Arbeitsverhalten befördert habe[38] – obschon die Krisen Ende der 1920er Jahre bereits erhebliche Ungleichgewichte und Kontingenzen bei der Verteilung des Wohlstands zeigten. Optimistische Glaubenssätze jedenfalls waren über Fords Autobiographie *Mein Leben und Werk* in Deutschland verbreitet, und seine andere Grundlagenschrift, nämlich *Das große Heute – das größere Morgen* (1926), wird 1928 bereits in der 31. Auflage publiziert. Auch in der jungen USSR liest man Ford aufmerksam, die Autobiographie erschien dort in mindestens acht Auflagen und gehörte in den 1920er Jahren zum Pflichtlesepensum leitender Parteifunktionäre.

Amerikanismus in Ost und West

In *Girlkultur* (1925) schreibt der viel gefragte Berufspsychologe und Arbeitswissenschaftler Fritz Giese über eine Horde deutscher Wissenschaftler, Publizisten und Journalisten, die mit Stift und Kamera bewaffnet das tanzende Amerika nach seinen Erfolgsrezepten des Reichtums

36 Henry Ford: *Das große Heute* (1926), S. 10, vgl. S. 191.

37 Henry Ford: *Das große Heute* (1926), S. 14; Bedingung dafür ist: „Man muß das Letzte aus der Energie, aus dem Material und aus der Zeit herausholen“ (ebd., S. 7).

38 Vgl. Dominik Schrage: *Standardisierung und Konsum* (2011).

und der Macht absuchen.[39] Dabei spielen nicht nur Fragen technischer Innovation eine Rolle, sondern auch Wirtschaftslehren und Statistik bzw. Methoden der Beobachtung: Ob nun eher theoretisch (Taylor) oder eher praktisch (Ford) – Amerika wird als „steter Urboden des Neuen" bezeichnet[40] und so auch weithin in Deutschland empfunden. Ein anderer wichtiger Faktor des amerikanischen Einflusses war das finanzielle Investment in Deutschland (zum Beispiel im Rahmen des Dawes-Plans 1924), was dann den Weg bahnte für populäre Kulturformen in der Weimarer Republik: Kino und alle Arten der öffentlichen Unterhaltung, Tanz, Revuen, illustrierte Zeitschriften oder Konsumgüter erweiterten den amerikanischen Einfluss.[41] Auch in der Romanwelt ist man sich dessen bewusst; nicht ohne Ironie heißt es in Irmgard Keuns *Gilgi*: „America for ever, Germany wants to see you." (G 9)

Entscheidend ist dabei nicht die Frage, ob westlicher Kapitalismus oder östlicher Kommunismus die Körperdisziplin fordern – denn nach gesellschaftsweiten Effizienzsystemen streben beide, wenngleich mit unterschiedlichen Vorzeichen. Methoden gesellschaftsweiter Zusammenarbeit der Sparten werden sowohl in kapitalistischen wie auch sozialistischen Gesellschaften entwickelt, wenn auch anders als in den kollektivistischen Systemen der Schwerpunkt im Westen auf der Anreizsetzung für Individuen liegt.

Amerikanismus ist nicht nur in Westeuropa, sondern auch in der jungen USSR angesagt – die Bolschewiki zeigen natürlich ihre ideologischen Vorbehalte, geben sich allerdings sehr aufnahmebereit und pragmatisch zugewandt für Grundhaltungen des Taylorismus; der Osteuropa-Experte Karl Schlögel hat von einer „sowjetischen Amerika-Leidenschaft"[42] Ende der 1920er Jahre gesprochen, mit kleineren Pendelbewegungen auch in die andere Richtung. So wie man (übrigens vor Aufnahme diplomatischer Beziehungen zwischen beiden Staaten) amerikanische Ingenieure engagierte, um das riesenhafte Dnjeproges-Kraftwerk zu bauen, nahm man in Amerika aufmerksam die sowjetrussischen Großbauprojekte zur Kenntnis.[43] Man teilte das unbegrenzte Zutrauen in die technische Machbarkeit der Welt auf beiden Seiten, und insofern der New Deal eine soziale Wende der Politik und das erste Mal ein programmatisches Eingreifen des Staates

---

39 Fritz Giese: *Girlkultur. Vergleiche zwischen amerikanischem und europäischem Rhythmus und Lebensgefühl*; 1925, S. 13 f.

40 Fritz Giese: *Girlkultur*, S. 11.

41 Zu Rahmenbedingungen der Populärkultur in den 1920er Jahren vgl. Frank 2009.

42 Karl Schlögel: *Das sowjetische Jahrhundert* (2022), S. 115.

43 Vgl. Schlögel 2023, S. 112.

in Wirtschaftsvorgänge per „deficit spending" darstellte, insofern man auch Amerika als tatkräftig, von Standesdünkeln befreit und optimistisch wahrnahm, steigerte dies noch einmal die Bereitschaft der sowjetischen Intelligenzija in Politik und Technik, sich amerikanische Verfahren zueigen zu machen.[44]

Aleksej Gastev, Ergometriker, Poet und Futurist des postrevolutionären Russland, ist zweifellos einer der wichtigsten Repräsentanten des Taylorismus in der USSR und begründete die „Wissenschaftliche Arbeitsorganisation" und die Vereinigung der „Zeitliga" mit, die sich die Optimierung der Arbeitsleistung durch Disziplinierung vornahm. Die einleitenden Glaubenssätze lauten: „Vor allem mache die Mechanik der Zeit ausfindig, dann erst reformiere! Die Zeit berechnen, heißt länger leben." Und weiter heißt es über die anzufertigenden Zeittabellen, sie seien unabdingbar für eine „Ökonomie der Zeit", für „planmäßige Arbeit", für ein „gesundes Regime" und für „geistige Hygiene". Das Fazit dieser Ideologie, bei der der Einzelmensch eher als Unsicherheits- und Störfaktor erscheint, lautet: „Wenn du den Schlüssel für die Zeit hast, dann bist du bewaffnet, bist der Ingenieur deines Lebens, bist der Monteur auch der Zeit der Anderen, der Fabrik, der Institution. Halte Dir eine Zeitrechnungstabelle und du wirst eine Revolution der Zeit hervorrufen."[45]

Mit diesem unbedingten Primat der Zeit wird nicht nur ein übersubjektives, allgemein verbindliches Prinzip, sondern auch ein konkret aufzuschreibender Arbeitstakt reklamiert. Und klarer kann man wohl kaum den kapitalistischen Glaubenssatz des „Time is money" replizieren: Gastev spricht im Kontext der Arbeits- und Betriebspsychologie der Bolschewiki eine Sprache, die derjenigen Fords und Taylors in nichts nachsteht. In dieser Zeit der „Neuen ökonomischen Politik" (NÖP) sollten zur Befestigung eines Bündnisses zwischen Proletariern und Bauernschaft staatliche Lenkungen zurückgenommen und privatwirtschaftliche, technisch gut ausgestattete Initiativen angekurbelt werden, womit man kapitalistische Elemente innerhalb des Sozialismus nutzen wollte, um den gewaltigen Rückstand Russlands aufzuholen.[46]

Interessant ist auch, wie in der USSR in den 1920er Jahren intensiv über ein Training des Einzelnen durch Theaterbesuche nachgedacht wird. Bemerkenswert ist in diesem Zusammenhang eine Äußerung Mejerchol'ds von 1922, der im biomechanischen Theater den Taylorismus geradezu als

---

44 Vgl. Karl Schlögel 2022, bes. S. 113–115, auch 2023, S. 107–138.

45 Gastev, zit. nach dem zeitgenössisch bekannten Journalisten René Fülöp-Miller: *Geist und Gesicht des Bolschewismus* (1926), S. 276.

46 Vgl. Dietrich Geyer: *Das russische Imperium* (2020, S. 327–332).

ästhetisches Programm umsetzt und bekennt: „Die Taylorisierung des Theaters wird es möglich machen, in einer Stunde so viel zu spielen, wie wir heute in vier Stunden bieten können."[47] Während im Westen vorrangig das Kino zum Trainingsgelände für die Nervenreizbewältigung wird, wird in der USSR das Theater zum Experimentierfeld, um gesellschaftsweite Effizienz zu erproben, sowohl für die Produzenten als auch für die Rezipienten.

Nicht nur sollen noch mehr Sinneseindrücke und Handlung pro Zeiteinheit beschleunigend wirken, vielmehr bringt das russische Revolutionstheater der 1920er Jahre insgesamt Strukturen der Effizienz und messbaren Optimierung in diese theatrale Versuchsanstalt: Reflexe des Menschen sollen berechnet, motorisch koordiniert, kontrolliert und trainiert werden. Es geht vor allem darum, Nervenreize zu verarbeiten und diesen Prozess durch Reflexbildung zu beschleunigen, die Anpassungsleistung zu verbessern und derart gelernte Bewegungsabläufe zuverlässig abrufbar zu internalisieren. Im Theater sollen präzise Bewegungen einstudiert werden, aber nicht als organische Folge im Sinne des diametral gegensätzlichen Ausdruckstheaters, sondern als Parieren auf Signale. Mit strengen technischen Regeln der Ausführung arbeitet man vor allem in großen Gruppen; Entindividualisierung wird dabei nicht nur in Kauf genommen, sondern ist erklärtes Ziel. Hier hat wiederum Gastev eingegriffen und Methoden zur Berechnung des mechanisierten Theaters angegeben: „Die methodische, stets wachsende Genauigkeit der Macht, welche Muskeln und Nerven des Proletariats erzieht, gibt der Psychologie eine besondere aufmerksame Schärfe, vollständiges Mißtrauen gegen jegliche Art menschlichen Gefühls, so daß sie nur noch dem Apparat, den Instrumenten, der Maschine vertraut."[48] Das ist die unverblümte Sprache des Technokraten, der Physiologie und Ingenieurskunst ins Kollektive denkt – und auf einem solchen „sowjetischen Fordismus eines Alexei Gastjew" basierend ließen sich Mega-Bauprojekte angehen und die Elektrifizierung Russlands weitertreiben.[49]

In diesem Sinne muss nach Mejerchol'd der Schauspieler „sein Material – den Körper – so trainieren, daß er die von außen (vom Schauspieler, vom Regisseur) erhaltenen Aufgaben augenblicklich ausführen kann".[50] Dem widerspricht nicht, dass Mejerchol'd die Arbeitsbewegungen als

---

47 Vsevolod Mejerchol'd 1922, S. 250; zur Taylorisierung des russischen Avantgarde-Theaters und Strategien der Bildunterbrechung vgl. Brandstetter 1995, S. 446–449.
48 Gastev 1919/1969, S. 61.
49 Karl Schlögel: *Das sowjetische Jahrhundert* (2022, S. 115).
50 Mejerchol'd 1922, S. 250.

Tanz und dies alles als Theater der Zukunft sieht – vielmehr zeigt sich darin die konsequente Extension des theatralen Körpers in die Arbeitswelt. Der technisierte Kollektivismus soll Vorbild der realen Arbeitswelt werden, was Mejerchol'd im Klartext formuliert: „Der Körper ist eine Maschine, der Arbeitende ist der Maschinist."[51] Dann ist das Theater nicht nur für das Individuum ein Trainingsgelände für den Klassenkampf, wo Schnelligkeit gelernt und Automatismen ausgeprägt werden können, vielmehr soll der Regisseur zum gesellschaftlichen Zeremonienmeister für Arbeit und Leben avancieren.

Aus der Beschäftigung Lenins mit Taylor hat zum Beispiel Alexander Bogdanow Grundlinien einer Organisationswissenschaft gewonnen und einen effizienten Kollektivkörper in Aussicht gestellt: „man gruppiert die Menschen unter den Gesichtspunkt eines besonderen Zieles, man koordiniert und regelt ihre Handlungen im Sinne einer zweckmäßigen Einheit",[52] so lautet die Maxime auch im Osten. Konsequent ist das, wenn man bedenkt, dass Lenin in *Staat und Revolution* (1917) den abzuschaffenden bourgeoisen Staat in Maschinenmetaphorik kennzeichnet, er selber aber straffe Kontrolle und Rechnungsführung, Beaufsichtigung und datenmäßige Erfassung aller möglicher Arbeitsleistungen forderte.[53] Optimierung bedeutet dann Konzentration von Kampfkräften im revolutionären Stadium, sodann Stärkung von Produktivkräften, und gelingen soll dies mittels „Fabrikdisziplin", um die individuellen Fähigkeiten in ein historisch folgenreiches, egalitäres Ziel münden zu lassen: „Die gesamte Gesellschaft wird ein Büro und eine Fabrik mit gleicher Arbeit und gleichem Lohn sein."[54]

Als politischer Praktiker und Programmatiker der linken Avantgarde sowie Propagandist Lenins lässt sich Dziga Vertov hervorheben, der an die Spitze der Optodynamik ein alles überschauendes Auge gesetzt und zum Leitorgan des revolutionären Theaters gemacht hat. Die filmische Wahrnehmung bekommt dort Weltgeltungsansprüche und verspricht nahezu die Allmacht des beherrschenden Auges:

> „Ich bin Kinoglaz. Ich bin ein mechanisches Auge. Ich, die Maschine, zeige euch die Welt, wie nur ich sie sehen kann. Von heute an und in alle Zukunft befreie ich mich von der menschlichen Unbeweglichkeit. *Ich bin in ununterbrochener Bewegung*, ich nähere mich den Gegenständen und entferne mich von ihnen [...] befreit von zeitlichen und räumlichen Eingrenzungen, *stelle ich beliebige Punkte*

51 Zit. nach Bochow 1997, S. 88.
52 Bogdanow 1913/1926, S. 19.
53 Vgl. Lenin 1917, S. 82; S. 106 ff.
54 Lenin 1917, S. 107.

> *des Universums gegenüber*, unabhängig davon, wo ich sie aufgenommen habe. Dies ist mein Weg zur Schaffung einer neuen Wahrnehmung der Welt.“[55]

Deklamiert wird dieses Kriegstheater im Namen eines avantgardistischen Weltgeltungsanspruches aus dem Geist der Kunst. Mit Vertovs Sehapparat, der als Zwitter aus Drohne und Satellitenkamera vorstellbar ist, wird aber auch die Verbindung von Aufzeichnung und Überwachung virulent, was den Modellen omnipotenter Registraturen der Zeit entspricht.

Diese kommen technisch daher mit den Speichermedien, aber auch ein schlichtes Produktionsmittel wie die Schreibmaschine kann dann, wenn sie im diskursiven Zusammenhang mit dem Willen zur Bürokratie steht, Phantasien produzieren. Die tollste bürokratisch-technische Prosa hat vielleicht Carl Schmitt produziert, der 1917 in einer beißenden Satire einen Schreibmaschinenstaat entworfen hat, zu dessen Praktiken es gehört, möglichst tägliche, stündliche, minütliche und sekündliche Mitschriften aller Bewohner zu sammeln, die per Schreibmaschine anzufertigen sind.

> „Jeder Buribunke und jede Buribunkin ist verpflichtet, für jede Sekunde ihres Daseins Tagebuch zu führen. Die Tagebücher werden mit einer Kopie täglich abgeliefert und kommunalverbandweise vereinigt. Die gleichzeitig vorgenommene Sichtung erfolgt sowohl nach Art eines Sachregisters wie nach dem Personalprinzip.“[56]

Direktschrift soll jedes Erlebnis und jede Regung erfassen – ersetzt diese aber auch durch simultanes Aufschreiben, wenn der Befehl nur möglichst weitgehend internalisiert ist – so weit das Schreckbild einer Bürokratie, die im besten Falle selbstreferentiell, im schlechten Fall machtbesessen wird.

Im Osten wie im Westen werden mit diesem Rechenwesen und dem Willen zur Organisation nicht nur Industrie- oder Bauarbeiter, Piloten, Zugführer oder Fernmeldetechniker auf ihre Tauglichkeit geprüft, sondern allgemein Berufskörper parzelliert, die in der verinnerlichten Abfolge von Tätigkeiten und ihrem Einschleifen von Zeit und Rhythmus durch ein Arbeitszeitregime beherrscht werden, sei es am Fabrikband oder an anderen Produktionsstätten; in Deutschland waren um 1900 dafür die Rhythmus- und Monotoniestudien der Arbeit von Karl Bücher maßgeblich.[57]

---

55 Vertov 1923, S. 33 f. (kursiv i.O.)

56 Schmitt: *Buribunken* (1918), S. 345.

57 Ein wichtiger Forschungsaspekt Büchers ist, dass die Rhythmisierung von Arbeitsbewegungen sich durch den Wechsel von stärkerem und schwächerem Energieeinsatz erzeugen lässt (1902/1919, S. 23 ff.), aber auch durch Gesang, sodass sich ein „Arbeits-Rhythmus“ und ein „Ton-Rhythmus“ (ebd., S. 26) ergibt, welcher zunächst eine Begleiterscheinung, dann aber auch mittragendes Element werden kann (S. 27). Wo dieses Arbeitsgeräusch im Arbeitsablauf fehlt, kann der Ton durch Gesang oder Einsatz von Klangkörpern als

Spätestens hier wird der gelehrige Körper, dessen Internalisierungspraktiken Foucault in Zusammenhängen des Strafvollzugs gezeigt hat,[58] zum gesellschaftsweiten Konzept: „Die Zeit durchdringt den Körper, und mit der Zeit durchsetzen ihn alle minutiösen Kontrollen der Macht" – so hat Foucault diesen Prozess eindrücklich beschrieben, dessen Befestigung in den Romanen hier gezeigt werden soll. Der Kunsthistoriker Jonathan Crary hat hierfür im 19. Jahrhundert die Fortsetzung der schon lange sich abzeichnenden Tendenz ausgemacht:

> „Die wirtschaftliche Entwicklung führte zu monotonen und gleichförmigen Arbeiten, die eine schnelle Koordination von Hand und Auge und somit ein präzises Wissen über die optischen und sensorischen Fähigkeiten des Menschen erforderten. Bei den neuen industriellen Produktionsweisen wurde die ‚Unaufmerksamkeit' der Arbeiter zu einem gravierenden Problem mit ökonomischen und disziplinarischen Konsequenzen."[59]

Für die neue Koordination von Hand, Auge und maschinellen Rhythmen wird durch intensives Training eine Anpassung des zentralen Nervensystems angestrebt, um Automatismen auszubilden, aber auch den beschleunigten Verkehr von Sinnesdaten auszuhalten, die Nervenleitgeschwindigkeit gegen Ermüdung zu schonen (z.B. durch Pervitin) und Reflexe zur Vermeidung von Unfällen zu disponieren. Mit den Worten des Ernst-Mach-Schülers Musil:

> „Könnte man die Sprünge der Aufmerksamkeit messen, die Leistungen der Augenmuskeln, die Pendelbewegungen der Seele und alle die Anstrengungen, die ein Mensch vollbringen muß, um sich im Fluß einer Straße aufrecht zu halten, es käme vermutlich [...] eine Größe heraus, mit der verglichen die Kraft, die Atlas braucht, um die Welt zu stemmen, gering ist".[60]

Diese Anstrengungen der Psycho-, Bio- und Anthropometriker zeigen als grundlegende Tendenz eine entscheidende „Umstellung von Qualität auf Quantität",[61] also weg von Erfahrungstiefe und Verarbeitung und hin zu Kraftfeldern und deren ökonomisch-effizienter Einteilung bzw. Internalisierung solcher Energetik. Peter Gabius hat dieses Prinzip mit aller Deutlichkeit pointiert, wenn er als Leitbegriffe jeder Psychologie die Analogiesuche von physikalischen Parametern wie „Arbeit, Energie, Leistung, Intensität, Masse, Gewicht, Trägheit, Beharrung, Kraftfeld, Kraftlinien,

---

Taktschall eingesetzt werden und wird dies auch meist ohne Vorschrift, wie Bücher an vielen Beispielen zeigt (S. 42 ff.).

58 Foucault: *Überwachen und Strafen* (1995), S. 195.

59 Crary 1996, S. 91 f.

60 Robert Musil: *Mann ohne Eigenschaften*, S. 12.

61 Stefan Rieger 2001, S. 71.

Bewegung, Wucht, Niveauflächen" mit psychischen Energiebeträgen betont.[62] Der Blick geht – in bewusster Herausforderung des anthropologischen Paradigmas eines ganzen Menschen im klassischen Leib-Seele-Commercium – eben auf das Einzelne, nicht auf das Ganze. Denn das Einzelne lässt sich im ausgewählten Fokus besser steigern als das Persönlichkeitsganze, worauf der Psychologe Hugo Münsterberg ausdrücklich verzichtet: „Lediglich die Teile einer Persönlichkeit sind in Frage und ihre Gesamtheit beschäftigt uns nicht."[63] Derart auf die Steigerung einzelner Körperfelder oder Reflexzonen bezogen verselbständigt sich der Wille zur Effizienz bei den Experimentatoren, und dies wiederum ist eine Voraussetzung dafür, dass sie als Erlebnismuster der Arbeitslenkung, Effizienz und wissenschaftlichen Betriebssteuerung von den Probanden internalisiert werden. Es bilden sich experimentelle Strukturen aus, die nicht nur singulär auftreten, sondern sich zum mächtigen Dispositiv formieren, das den Alltag um 1900 zunehmend durchwuchert. Gesellschaftsweit wirksam werden die Versuche dann, wenn Experimentalpsychologen und Ökonomen ihre Ergebnisse auf die Arbeitswelt übertragen.

Industriepsychologie

Ein anderes wichtiges Bindeglied zwischen Amerika und Deutschland, gerade auch in den Wissenschaften, lässt sich mit der Arbeit von Hugo Münsterberg zeigen, der in Deutschland studierte und arbeitete, bevor er zum Professor der Experimentellen Psychologie an der Harvard University ernannt wurde. Hier ist nicht nur der direkte Einfluss von Taylors Arbeitsstudien zu erkennen (und auch in Münsterbergs Texten gelegentlich angesprochen), sondern es wird auch die Entwicklung von Arbeits-, Berufs- und Betriebspsychologie offenkundig in der Analyse von Teilaktivitäten und Prozeduren verschiedener Berufe (Verkehrstechnik, Schwer- und Leichtindustrie, Handel, Medizin, Schule und Wirtschaftspolitik). Münsterbergs psycho-physiologisches Wissen vertiefte die einfache empirische Registratur Taylors, und damit ließ sich fordern, dass das psychologische Experiment systematisch Handel und Industrie zuarbeiten soll.[64]

Münsterberg studiert Bewegungssequenzen, Ausdauer und Muskelkoordination, Fragen von Aufmerksamkeit oder Ermüdung und der Monotonie- und Motivationsforschung sowie die mentalen und physischen Anforderungen verschiedener Berufe in variierten Anforderungsbereichen.

62 Peter Gabius 1913, S. 17.
63 Hugo Münsterberg: *Grundzüge der Psychotechnik* (1914/1920), S. 77.
64 Hugo Münsterberg: *Psychology and Industrial Efficiency* (1913), S. 3.

Auch für Münsterberg sind Exaktheit und Akribie detaillierter Aufzeichnungen wichtig, beispielsweise bei der Analyse von Körperbewegungen in Bezug auf Maschinen und die räumliche Umgebung der Arbeit in Fabriken und Büros. Ein wichtiger Befund ist (wie auch bei Karl Bücher), dass rhythmische Körperaktion das ökonomische Haushalten mit Energie bzw. „psychophysische Ersparnis" ermöglicht,[65] und dies wird angeführt als Basis für ein offenkundiges Mensch-Maschine-Commercium: Wenn Maschinen zunächst oft menschliche Arbeitsrhythmen imitiert haben, sei es dann im zweiten Schritt der menschliche Rhythmus, der durch Maschinen bestimmt wurde.[66] Praktische Anwendungen dieser Studien ergaben sich in Hülle und Fülle, besonders darin, die richtigen Persönlichkeiten für bestimmte Berufe mit bestimmten Vorschlägen zu finden. Und ein weiterer Aspekt ist für die heutige Diskussion um *human enhancement* wichtig: der Gebrauch von Stimulantien und Sedativa, um die „psychophysical economic power" zu vergrößern.[67] Das Hauptaugenmerk Münsterbergs liegt aber darauf, isolierte Teile des subjektiven Handelns zu erforschen, nicht etwa ganzheitliche Aspekte zu kultivieren – darin zeichnet sich (wie bei Gabius) ein breiter Trend ab, der auch in Großmanns Ratgeberbuch diskutiert wird, dort allerdings letztlich im integrativen Sinn.

Fritz Giese fasst eine Tendenz der 1920er Jahre zusammen mit seiner von Münsterberg abgelauschten Forderung, dass sich Ökonomie und Industrie der Psychotechnik bedienen sollten, und betont deren Bedeutung für den Wohlstand und sozialen Frieden insgesamt.[68] Alle Anwendungen der Wirtschaftspsychologie auf das Taylorsystem mit wissenschaftlicher Betriebsführung sollen aber durch Fragen der „Subjektpsychotechnik" mit „Anforderungen auf Tiefenschau" grundiert werden, was v.a. für berufliche Eignungsprüfungen nutzbar gemacht wird.[69] Hierbei können dann Gefühls- und unbewusste Ebenen mit Rorschachtests, Assoziationstests oder Arbeitsproben einbezogen werden.

Noch umfassender hat Giese die Berufspsychologie mit Studien zu Musik, Tanz, Gymnastik, Mode und überhaupt allen Facetten populärer Kultur verbunden und betrachtete sie als Symptome bzw. Strukturen des Arbeitslebens, deren Oberflächen als begleitende Erklärungsmomente zur Gesellschaftsbeobachtung herangezogen werden können: „Was aus

---

65 Hugo Münsterberg: *Psychologie und Wirtschaftsleben* (1912), S. 97.
66 Münsterberg 1912, S. 97.
67 Münsterberg 1913, S. 402.
68 Giese: *Methoden der Wirtschaftspsychologie*, S. 126.
69 Giese: *Psychotechnik*, 1924, S. 36 (Zitat); vgl. ansonsten S. 23 ff.

Lohnziffern, Arbeitsstatistiken und Fertigungszahlen nicht direkt beobachtet wird, was kein Fordbetrieb und taylorisiertes Unternehmen offenbart, das erklärt sich aus Dingen jenseits von der Arbeitsstätte faßbar."[70] Rhythmisierung ist auch hier ein wichtiges Paradigma, das die Abläufe quer durch alle Ebenen durchzieht.

Training der auf den Punkt nötigen Aufmerksamkeit ist das Ziel der Techniken, die die Arbeitswissenschaften aus der Psychologie aufgreifen, und zwar im maschinellen Bereich, aber auch in jenen Teilen der Verwaltung, die etwa Zählmaschinen nutzen. Aufmerksamkeit darf sich nicht zerstreuen, sie „kann nicht frei schalten, sondern untersteht der Kontrolle des Apparats, den sie kontrolliert", merkt Siegfried Kracauer mit Blick auf Arbeitspraxis und Wahrnehmungshaltungen an.[71] Dass Taylorismus und Fordismus nicht auf die Arbeitswelt beschränkt blieben, sondern das gesellschaftliche Leben tiefgreifend strukturierten, ist erkennbar auch an der boulevardesken Theaterkultur, in der die zeitgenössisch populären (aber bereits 1889 in Manchester sich formierenden) Tiller Girls geradezu eine Kollektivmotorik des Tanzes ausprägten.

Abb. 1: Tiller Girls

70 Giese: *Girlkultur*, S. 14 f.
71 Siegfried Kracauer: *Die Angestellten*, S. 29.

Abb. 2: Damenmoden in der Reihung der Tiller Girls von Dryden: Die hübschen Laufkleidchen für den Sommer 1926. In: Die Dame 53 (1926), S. 13

In seinem berühmten Aufsatz über *Girlkultur* hat Fritz Giese 1925 Vergleiche zwischen amerikanischen und europäischen Lebensrhythmen gezogen und deren strukturierende Kraft für die Alltagswelt bis in die Körperbewegungen hinein dargestellt. Rhythmisch organisierte und einstudierte motorische Geschwindigkeit werde von den modernen „Frauen unserer Zeit“ als neue Lebensform gepriesen:

> „Was sie vorführen, gibt die Zeit nicht nur in der Großstadtrhythmik wieder und erfreut nicht nur als optisches Bild. Es sagt doch auch von der Technik dieses neuen Menschen etwas aus. Es beweist, wie der gymnastische Gedanke, wie Körperkultur gerade bei der Frau in hochgesteigerter Form anzutreffen sei. So wie sie springen und rhythmisieren eben Dutzende, Hunderte, Tausende. Und wir haben eine andere Stellung heute zu der Frau, weil dies ihr Können ihrem neuen Wirkungskreis entspricht. [...] Die girls sind Ausdruck jenes echten Sportsgeistes der Frau, die in elegantem Sprunge auf die Straßenbahn, vom Automobil herunter, in schneller Reaktion zum Telefon eilt: wie es diese rasche Zeit dauernd erfordert.“[72]

Gieses Vergleich von amerikanischen und deutschen Lebensformen führt nicht nur zu einem hymnischen Lobgesang auf Beschleunigung, der

72 Giese 1925, S. 97.

verwandt ist mit der Begeisterung eines Egon Erwin Kisch auf journalistischem Feld. Er zeigt den auch für Psychotechniker wie Hugo Münsterberg, Theodor Ziehen und andere berufstypischen Optimismus, was die Anwendung von Psychologie hinsichtlich der Erweiterung der individuellen Fähigkeiten betrifft. Seine sportive Begeisterung angesichts der motorischen Anpassungsfähigkeit der modernen Frau ist jedoch nicht von allen geteilt worden. So hat etwa Kracauer die umfassenden und heiklen Seiten der Organisationswelt betont, denn diese sei

> „nach rationalen Grundsätzen entworfen, aus denen das Taylor-System nur die letzten Konsequenzen zieht. Den Beinen der Tillergirls entsprechen die Hände in der Fabrik. Über das Manuelle hinaus werden auch seelische Dispositionen durch die psychotechnischen Eignungsprüfungen zu errechnen versucht. Das Massenornament ist der ästhetische Reflex der von dem herrschenden Wirtschaftssystem erstrebten Rationalität."[73]

Die dynamische Rolle von Geschwindigkeit und Rhythmus wird hier unter dem Verdikt von Prüfung, Bestehen und Anpassungsdruck gesehen. Auf dem Revers einer rein quantifizierenden Vernunft des Zählens, die als „bare rationale Leerform des Kultes, die im Massenornament sich darstellt"[74] und jede Sinnbildung und Erotik tilgt, wird ein ästhetisches Moment wirksam, das den Anreiz zur gesellschaftlichen Teilhabe bis hin zur Unterordnung liefert und diesen Zusammenhang sinnlich vermittelt. Mit einer solchen Ambivalenz fließt der Fordismus in den Alltag ein und lässt er ein breites Publikum von industrieller Seite aus an einem ästhetisierten, industriellen Lernprogramm teilhaben. An den zeitgenössischen Körperkulturbewegungen und Unterhaltungstänzen beobachtet Kracauer nicht nur irrationale Ritualisierungen, sondern auch die Tendenz der geometrischen Oberflächenbildung. Diese Tanzfiguren seien eigentlich „mathematische Demonstrationen" und verbergen die immanenten Mechanismen, stellen vielmehr das Überpersönliche, die getilgte Individualität und das Formelhafte der „amerikanischen Zerstreuungsfabriken" heraus[75] – heute würde man sagen: Sie treiben Disruption an, dies aber mit erhöhtem Drill.[76] Anonymisierung und bedrohliche Opakisierung beherrschen diese neugebildete, ästhetisierte Struktur, die zugleich

73 Siegfried Kracauer: *Das Ornament der Masse*. In: ders.: Das Ornament der Masse. Essays. Frankfurt a.M. 1963, S. 50–63, hier S. 54.

74 Kracauer: *Das Ornament der Masse*, S. 61.

75 Siegfried Kracauer: *Das Ornament der Masse*, S. 50.

76 Dazu Berghaus (1988, S. 213): „In the Girl shows the process of rationalization is given a glamorized expression, and the ornamental structures underlying these revues transform the everyday experience of depersonalization, drill and routine into aesthetic pleasure."

die Tiefenansicht wegblendet: „Jeder erledigt seinen Griff am rollenden Band, übt eine Teilfunktion aus, ohne das Ganze zu kennen. Gleich dem Stadionmuster steht die Organisation über den Massen, eine monströse Figur, die von ihrem Urheber den Augen ihrer Träger entzogen wird“.[77]

Solche Analogien, die Kracauer zwischen Sport, Massenpublikum, Unterhaltungskultur und Industrieproduktion herstellt, lassen bereits das Kritikthema von Horkheimer/Adornos *Dialektik der Aufklärung* anklingen, nämlich die verselbstständigte Vernunft mit ihrem Zahlenprimat und einer überpersönlichen Rationalität. Am Flug der Tanzbeine wird die Kritik der Entfremdung des ausführenden, arbeitenden Körperteils vom Gesamtmenschen deutlich exemplifiziert.

Die Profilierung von Alltagspraktiken durch die Psychotechnik geschieht nicht nur hinsichtlich der Analyse von Bewegungsabläufen und Handlungsmustern, sondern dient hauptsächlich ihrer Formung, um damit Reaktionen zu standardisieren und ihnen eine kontrollierbare, wiederholbare Struktur zu geben. Bewegungen, die derart automatisiert sind, können in Phasen aufgezeichnet und unterteilt werden, um sie daraufhin in neue Muster automatisierter Strategien umzuformen.[78] Erkennbar wird daran der moderne Impuls einer Ökonomisierung des Subjekts: Dieses ist nicht nur durch Medien geformt, sondern wird seinerseits zum Medium von Selbsttechniken, die es bereitwillig anwendet.[79] Es zeigt sich darin aber auch das Paradox der Arbeitspsychologie, wie es Kracauer benannt hat: „Einmal soll sie die Betriebe rationalisieren und das andere Mal die heitere Stimmung schaffen, die sie wegrationalisiert hat: das ist entschieden zu viel verlangt.“[80]

Körperkult: Sport- und Kosmetikfitness

Die Industrialisierung von Tanz und Lebensrhythmus lässt auch Schlüsse darauf zu, in welcher Weise Körperkultur zur Pflichtveranstaltung werden konnte, die eben nicht nur von Reformpädagogik, Lebensreform und ähnlichen Alternativbewegungen um 1900, sondern ebenso von psychologischen und ökonomischen Interessen geprägt wurde. Ein paar Programmsätze von Egon Karpelis, dem Agenten der Kosmetischen Therapie für Akne, Fettbäuche, Tränensäcke und dergleichen mehr,[81] unterstreichen

---

77 Kracauer: *Das Ornament der Masse*, S. 54.

78 Stefan Rieger: *Die Individualität der Medien* (2001), S. 164 f.; vgl. Brandstetter 1995, S. 446–449.

79 Rieger 2001, S. 168.

80 Kracauer: *Die Angestellten*, S. 32.

81 Vgl. Ernst Eitner/Egon Karpelis: *Kosmetische Therapie* (1932).

hier stellvertretend für eine breite Tendenz diesen Aspekt von Körpererziehung und persönlicher Hygiene:

> „Um das Altern möglichst lange hinauszuschieben und sich gesund zu erhalten, muß man eine zielbewußte regelmäßige Körperpflege betreiben und ein entsprechendes Leben führen. In der Nahrung darf nicht zu viel Fleisch vertreten sein, sondern viel frisches Gemüse und Obst. Auf eine gesunde Verdauung muß streng geachtet werden. Zur Erhaltung einer jugendlich elastischen Gestalt, zur Vermeidung von Fettansatz – Sport und Gymnastik."[82]

Solche Tipps diffundieren in den 1920er Jahren mit Hochdruck in die Ratgeberliteratur, in die Journal- und die Romanwelt hinein, wo sich immer wieder einzelne Figuren das Fitnessprogramm zu eigen machen.[83] Die implizite Unterstellung dieses sanften *Body Shaping* ist dabei, dass der harmonische Körper nicht nur attraktiv wirkt, sondern auch eine gute, sozial verträgliche Denkhaltung abbilde, die wiederum einen erfolgreichen Lebensstil ermögliche – so weit reicht der antike *kalokagathia*-Gedanke mit allen Varianten solcher Rede vom gesunden Geist im gesunden Körper ins 20. Jahrhundert hinein.

Allgemein lässt sich für die Beschäftigung mit dem wohlgeformten und intakten Körper sagen, dass sie zwischen den Polen der Selbstfaszination und der Funktionalisierung angesiedelt ist, zwischen Natürlichkeit und Performanz, Erotik und Stilisierung, all dies rückverstärkt durch technologische Einflüsse.[84] Sportliche Betätigungen scheinen auch um 1930 bereits im Übermaß angesagt zu sein, wenn Robert Musils Ulrich, der morgens wie viele Büroangestellte Gymnastik und Balltraining treibt, konstatiert, dass das körperliche Training allzu sehr in Mode gekommen sei. Und befremdlich sei im Falle des Austrainiertseins, dass der Körper „auf jeden Reiz ohne zu fragen, mit seinen automatisch eingeschliffenen Bewegungen so sicher antworte, daß dem Besitzer nur noch das unheimliche Gefühl des Nachsehens bleibt, während ihm sein Charakter mit irgendeinem Körperteil gleichsam durchgeht."[85] Mit solchen Fremderfahrungen und Dissoziationserscheinungen nach Ausbildung von Reiz-Reaktionsmechanismen

---

82 Egon Karpelis: *Kosmetik des Alterns*. In: Die Bühne Nr. 144 (1927) S. 55 (zit. nach Winkler 2017).

83 Tönsing (2022) hat die Aufwertung von Körperkonzepten auf der Rückseite von transzendentaler Obdachlosigkeit und Sinnkrisen in der Gegenwartsliteratur (ausgehend aber von Musils *Mann ohne Eigenschaften*) dargestellt.

84 Dazu der immer noch aktuelle Sammelband *Leibhaftige Moderne. Körper und Kunst in Massenmedien* 1918–1933, hg. von Cowan/Sicks (2005).

85 Robert Musil: *Mann ohne Eigenschaften*, S. 30 (Zitat) bzw. S. 46. Für Ulrich zieht sich das Sportive dann auch in seine Wissenschaftstätigkeit hinein, in der er „eine Vorbereitung, Abhärtung und Art von Training" sieht (S. 46).

ist das Training übertrieben, Ulrich wird dies auch als solche Erfahrung ablegen, wenn die „athletischen Übungen" nur dazu führen, eine „Maske des Sports" über das verdeckte Innere zu breiten.[86]

Sport ist gesellschaftlich und regierungsseitig höchst willkommen, insofern er jenseits aller körperlichen Fitness nach Kracauer „den Massen die willkommene und von ihr voll ausgenutzte Möglichkeit der Zerstreuung bietet."[87] Er ist ein vollkommenes Simulacrum und stellt ein „Hauptmittel der Entpolitisierung" dar, schafft es dabei, „eine Vororganisation der Masse" herzustellen.[88] Damit wird dem Sport eine kompensatorisch-zufriedenstellende ebenso wie eine vorbereitend-trainierende Funktion zugesprochen. Während Männer vor allem in Sachen technischer Lebensstil und Sport unterwegs sind und Körperfragen der Leistungsfunktion unterordnen, sind die Anforderungen an Frauen womöglich vielschichtiger.

Die *Neue Frau* ist kein abgeschlossen-programmatischer, sondern ein operabler Begriff, der sozusagen als Experiment auf praktisch-sozialem Feld gewonnen wurde in Alltag und Mode, Berufs-, Freizeit- und Kulturbereichen. Zeitschriften wie *Die Frau*, *Der Querschnitt* und im kritisch-theoretischen Format der *Uhu* waren Publikationsorgane, in denen Formen und Chancen der Emanzipation diskutiert wurden. Lebensmodellierungen wurden hieraus und aus dem Film gewonnen, wie Kracauer beobachtet hat, wenn er von „Verkäuferinnen, Konfektionären, Stenotypistinnen usw." spricht, „die in den Magazinen und den Kinos dargestellt und zugleich gezüchtet werden".[89] Klarer ist das „doing gender"-Prinzip kaum zu formulieren: Die Abbildung, massenhaft reproduziert, zeigt nicht nur ein gängiges Geschmacksbild, sondern prägt auch eine Norm und produziert höchst wirksam Weiblichkeitskonzepte, wobei Nachrichten- und Unterhaltungsmedien zu guten Teilen auch die Phantasien männlicher Angestellten verbreiteten, zu denen die finanzielle Eigenständigkeit der Frau kaum gehörte.[90] Die hier zu behandelnden Romane sollen auch eine Funktionsgeschichte solcher (männlicher) Projektionen und (weiblicher) Introjektionen bieten.

Folgt man der Unterscheidung Dreschers nach Idealtypen, lassen sich drei Gruppen von Frauen anführen: die androgyn-intellektuelle, kosmopolitische Garçonne, das sportliche, beruflich aufstrebende Girl und

86 Musil: *Mann ohne Eigenschaften*, S. 285.
87 Kracauer: *Die Angestellten*, S. 99.
88 Kracauer zitiert hier Lederer; *Die Angestellten*, S. 100.
89 Kracauer: *Die Angestellten*, S. 65.
90 Ankum: *Karriere – Konsum – Kosmetik* (2000); Stone: *Gender and Self-Optimization in Irmgard Keun's* Gilgi (2024).

der lebenslustige Flapper, alle mit Rauchervorlieben, sportlichem Outfit und schlanken Körpern sowie Konsumfreude.[91] Das Bild der Neuen Frau ist, so haben dekonstruktivistische Beiträge zur Geschlechterforschung sensu Butler dann auch in diesem Zusammenhang gezeigt,[92] vor allem ein Importkonzept und zu guten Teilen wiederum dem Amerikanismus geschuldet, von dorther vor allem mit konkreten Merkmalen ausgestattet – wenngleich das Konzept der Eigenständigkeit und der genuin weiblichen Ansprüche sich teilweise auch im Einfluss der lebensreformerischen Bewegung um 1900 sehen lässt.

Zumindest in deren Nähe steht die amerikanische Ärztin Bess Mensendieck, die insbesondere für Frauen Beiträge zu (Nackt-)Gymnastik, Körperkunst, Bewegungsfreiraum und Atemtraining schrieb, wobei die Selbstwahrnehmung eine entscheidende Rolle spielte – ihr erstes berühmtes Buch, das in Deutschland 1906 und dann 1920 im Neudruck als *Körperkultur der Frau* erschien, zielte mit seinen durchaus sportlichen Trainingskonzepten dabei sowohl auf Leistungs- als auch auf Fortpflanzungsfähigkeit.[93]

Körperkultur, bei Mensendieck und anderen durchaus Selbstzweck, gehörte insgesamt zum modernen Lebensstil und wurde hierfür funktionalisiert – noch nicht derart breitenwirksam wie nach 1945 und erst recht im 21. Jahrhundert, aber doch auf weite Rezeption zielend.[94] Mit dem Konzept der neuen Frau sollte das alte der unzufriedenen, unterdrückten und insgesamt depravierten Arbeiterfrau überwunden werden, wogegen man ein Gesamtkonzept von Mode-, Fitness- und Körperzeichen setzte. Girlkultur ist also bei weitem nicht nur eine ästhetische Position, sondern ebenso durch die Anstrengung gekennzeichnet, Zuständen ökonomischer Deprivation zu entkommen – das *american girl* wurde als „role model of the female office proletariat“ geprägt und war fester Bestandteil der Amerikanisierung zwischen 1924 and 1929.[95] Denn sozialstatistisch ist außer

---

91 Vgl. Drescher 2003, S. 162 f.; vgl. Frank: *Populärkultur* (2009), S. 41.

92 Drescher 2003; neuerdings Hintermayr (2022, S. 188–248) mit sozialhistorisch-diskurskritischem Bezug auf vielfältige Suizidmotive in der Zwischenkriegszeit; Tönsing 2021 mit Blick auf die Gegenwartsliteratur. Grundlegend Butler 1995.

93 Vgl. Bess M. Mensendieck: *Körperkultur des Weibes* (1920).

94 Körperkult wird dann dort zum Distinktionsmerkmal, wo Körperbeachtung weitgehend entfunktionalisiert ist – für die Gegenwartsliteratur können das exzessive Fitnesspensum und die seitenlang geschilderte Morgentoilette des American Psycho Patrick Bateman als Beispiel genommen werden (Ellis 1991/2004, S. 42–50).

95 Berghaus 1988, S. 208.

Frage, dass das männliche Geschlecht innerhalb des Wirtschafts- und Einkommenssektors das weibliche hier deutlich dominiert bzw. Frauen in der Bezahlung für vergleichbare Tätigkeiten schlechter gestellt sind und auch ihre Gehaltsvorstellungen weit weniger offensiv verfolgen können.[96] Auch werden Männer bei Positionen im öffentlichen Dienst bevorzugt (ausgenommen das „Fräulein vom Amt"), und dies wird im Alltag sichtbar an der „Selbstverständlichkeit männlicher Raumeinnahme" ebenso wie an „weiblicher Zurückhaltung in der Öffentlichkeit".[97]

Das *american girl* hat mit seinen Attributen von Sportlichkeit, Optimismus, Gesundheit und Erfolg (letztlich auch, was eine finanziell gut aufgestellte Ehe betrifft) die Fitnessbegriffe in Richtung Selbst- und Berufskonzept geprägt. Kaufkraft und Konsumfreude kommen hinzu, dazu wird als Modehaarfarbe blond aufgebaut – modisch, weil durch Anita Loos' komischen Hollywood-Roman *Gentlemen prefer blondes* (1925) auf den Laufsteg gebracht. Es scheint aber nicht nur um Blondierung zu gehen, sondern um die grundsätzlich flexible Gestaltung der Haarfarbe zu spezifischen Zwecken – was beim Kosmetikpapst Karpelis deutlich wird: „Haarfärben ist zur Mode geworden. Die Blondine will als Brünette, diese als Blondine erscheinen; individueller, oft launiger Geschmack sind maßgebend. Anderseits soll dem frühzeitig oder dem physiologisch eingetretenem Ergrauen Abhilfe geschaffen werden."[98] Ob Shampoo, Bleichmittel oder Teerfarben – mit ihrem Einsatz, der viel diskutiert (aber noch häufiger praktiziert) wird, sind Emanzipationsabsichten ebenso wie Konventionsbrüche und allgemein Gefallenswünsche verbunden.

In Deutschland stieß der flapper-Typus der nach Unabhängigkeit strebenden, aber auch auf männliche Geldzuwendungen erpichten Frau auf großes Interesse und fand die rasch erscheinende Übersetzung des Buches reißenden Absatz.[99] Solche Themen, die neben der allgemeinen Emanzipation auch konkreter damit zu tun haben, dem Büroproletariat zu entfliehen, sind zuhauf in die Romane gelangt und werden auch im Folgenden analysiert.

Die Vorstellung von Körperpflege und kosmetischen Eingriffen wird sogar politisch, wenn Marianne Pollak 1930 in einem Aufsatz über *Soziale Kosmetik* den existenziellen Stellenwert umfassender Körperpflege offen

---

96 Vgl. Hausen 1993, S. 59; Connell 2015, S. 127; Hung 2015, S. 54.

97 Rudlof 2007, S. 175.

98 Karpelis: *Haarprozeduren* (1927a), zit. nach Uwe Spiekermann (2021), der nicht nur eine große Zahl von Beispielen, sondern auch den sich entwickelnden ideologischen Einsatz des Blond im Nationalsozialismus analysiert.

99 Vgl. Berghaus 1988, S. 161.

anspricht, und zwar im charakteristisch-kämpferischen Ton der Zeit, um „der Masse die anziehende äußere Erscheinung [zu] erobern."[100] Ob Nasen, Waden, Brüste oder Gesichtsfurchen – es sollte möglich sein (und das wird hier von einer Sozialdemokratin propagiert), durch körperliche Eingriffe für Chancengleichheit zu sorgen und vorzeitigen Kündigungen entgegenzuwirken, für die das körperliche Erscheinungsbild offenbar ein Grund war:

> „Und ist es da nicht eine *soziale Pflicht des Arztes*, den Eindruck des Altwerdens bei diesen Frauen klug verwischen zu helfen? Wenn die *Stenotypistin*, das *Kinderfräulein*, auch die *Fabrikarbeiterin* den Kosmetiker aufsucht, dann tut sie es gewiß nicht aus Luxus. Sie muß im Kampf ums Dasein ihre Jugend ausdehnen, solange es geht, um Käufer für ihre Arbeitskraft zu finden, von der allein sie ja – und oft nur allzu kümmerlich! – ihr Leben bestreitet."[101]

Damit wird sehr offenherzig und auch affirmativ die berufsnotwendige Vitalität als sozialpolitischer Aspekt reklamiert, der noch expliziter als viele allgemeine Appelle zur Körperfitness den Zusammenhang von äußerem Erscheinungsbild und Arbeitsmarktchancen herstellt. Und von welcher Art die Büropraxis war, skizziert unverhohlen Anita Brück in ihrem sich dokumentarisch gerierenden Roman *Schicksale hinter Schreibmaschinen* (1930) – gleich zu Beginn werden sexistische, verbale und taktile Attacken gegen eine Frau namens „Urschl" geschildert, die sich obendrein selbst noch eigener kleiner körperlicher Mängel bezichtigt. Der Vorgesetzte namens Lichte (im Kontrast zu seiner finsteren sadistischen Persönlichkeitsstruktur) konstatiert angesichts von bestimmten leichteren Krankheitssymptomen: „Ich sage ja: Weiber über vierzig gehören nicht mehr ins Büro", und begleitet ist die Szene von dem Kommentar der Erzählerin: „Urschl ist von ihrem Leiden nicht geheilt. Diese Gebärde, die flatternde Angst der Augen, das wehe Lächeln, vorübergehuscht im Bruchteil einer Sekunde, sie waren unsagbar beredt."[102] Der Zwang, äußerlich gefallen zu müssen, ist enorm, und wie sich an einem Wettbewerb der Zeitschrift *Tempo* von 1928 zeigt, der *Die Schönheit der berufstätigen Frau* unter Beweis stellen wollte und auch krönte,[103] ist dies Bestandteil des weiblichen Berufsalltags. Urschl hat letztlich als Tipp an die teilnehmende Ich-Erzählerin namens Fräulein Brückner (die sich als Dokumentatorin ausgibt) übrig: „Wenn heute ein Ungeheuer käme mit sechs Beinen und acht Armen und fünf Mäulern und

---

100 Marianne Pollak 1930, S. 9, zit. nach Hintermayr 2022, S. 212.
101 Marianne Pollak 1930, S. 9 f. (ebd.).
102 Anita Brück: *Schicksale hinter Schreibmaschinen*. Neudruck 2012, S. 5 bzw. S. 4.
103 Vgl. Hung 2015, S. 67 f.

wollte mich haben, ich überlegte es mir nicht, ich würde es nehmen. Heiraten, Fräulein Brückner, heiraten, heiraten!"[104] Viel mehr als diese triste Alternative gibt es für diesen „Gretchen"-Typus der gehorsamen Ehefrau und aspirierten Mutter nicht,[105] was die zeitgenössische Kritik denn auch als konservativ bis reaktionär gescholten hat, dabei allerdings die kritischen Aspekte des erzählten Sozialterrors übersehend.

Dass es spezielle Trainings für Schreibmaschinistinnen gab und die Möglichkeit, sich innerhalb des Büros bescheiden hinaufzuarbeiten (mit unsicherem Ausgang), ist dann der eine Karriereweg; zum Film zu gehen oder sich finanzielle Zuwendungen durch Männer zu sichern sind die anderen Möglichkeiten, die an den Romanen zu zeigen sind. In einem offenherzigen Essay mit dem Titel *Das System des Männerfangs*[106] hat Irmgard Keun als Rezept ausgegeben, „der Eitelkeit des Mannes Futter [zu] geben. Sein Selbstgefühl stärken, ihn stolz sein lassen auf sich selbst"; es folgt ein neusachlicher Tipp, der auch für das eigene Schreiben wichtig gewesen sein dürfte, nämlich „*nicht* verliebt sein, denn dann macht man *alles* falsch".[107] Darin liegt auch ein poetologischer Aspekt – die Haltung der *désinvolture* ist wichtig, um mit solchem Abstand jeweils die einzelnen Figuren und Dinge zu Wort kommen zu lassen. Speziell auf verschiedene Berufsgruppen bezogen gibt Keun Tipps aus, wie Frauen dort am besten gefallen – und darin liegt wiederum, wenn auch mit satirischem Augenzwinkern, eine eher heteronome Tendenz, die sich aber als Gendertheorie avant la lettre erweist mit Blick auf Judith Butlers Aufforderung, „über die Wirkungsweise der heterosexuellen Hegemonie im Gestalten sexueller und politischer Gegenstände weiter nachzudenken."[108] „Nachdenken" bedeutet hier freilich nicht, die konstruktivistischen, bisweilen radikalkonstruktivistischen Annahmen diskursiver, sprachlicher und sonstiger performativer Machteffekte auf das eigene Körper- bzw. Geschlechterschema als *alleinige* Konstituenten zu unterschreiben, sondern vielmehr narrativ jene umlaufenden Klischees zu gestalten, die in diesem Vorgang von Autorinnen wie Irmgard Keun oder Vicki Baum (übrigens auch dem Autor Erich Kästner) analysiert werden. Insofern wird es ein Spezialthema der Selbstoptimierung sein, die diesbezüglichen Rollenselbst- und fremdbilder, wie sie in den Romanen thematisiert werden, herauszuarbeiten.

---

104 Anita Brück: *Schicksale hinter Schreibmaschinen*, S. 13; kurz zuvor (S. 11) findet sich eine wohl als realistisch zu nehmende, äußerst triste Schilderung des Büroalltags.

105 Vgl. Hung 2015 über diese konservative Alternative zur Neuen Frau.

106 Erschienen in der Zeitschrift *Der Querschnitt*, 1932 H. 4, S. 259–261.

107 Keun: *Das System des Männerfangs*, S. 261 und S. 259.

108 Judith Butler: *Körper*, S. 15.

Disziplin und Glanz: schöne neue Welt

Technisch-praktische und ebenso diskursive Voraussetzungen sind daran beteiligt, Arbeiter, ihr Verwaltungspersonal und ihre Manager in ein festes Rahmenwerk zu pressen, und es ist nunmehr kein warmer Mantel der finanziellen Sorge mehr, den man zugunsten des Seelenheils leicht abwerfen könnte, sondern es ist ein „stahlhartes Gehäuse", in welches sich der Erwerbstreibende hineingezwängt sieht – so die Max Webersche Analyse der modernen conditio humana.[109] Eine ausgedehnte Reise in die USA bestätigte Webers theoretisch-geschichtliche Formulierungen über die protestantische Arbeitsethik als Motor des Wirtschaftstreibens nun durch eine große Zahl praktischer Beobachtungen darin, dass der religiös verwurzelte Arbeitseifer in ein ausgeprägtes Leistungsethos gesteigert war und viele Lebensbereiche der US-Amerikaner durchzog.[110]

Mit solchen Instrumenten und Vermessungsregimen wird die Basis gelegt, um die Tradition der Selbstschrift und der Optimierung noch einmal rückzuverstärken – diese speisen sich zwar aus anderen Traditionen (philosophische oder religiöse zum Beispiel), werden aber nun noch einmal deutlich technisiert, sie werden auch gesellschaftsweit kommuniziert und verbindlich gemacht. Es wachsen damit nicht nur die Kontrollmöglichkeiten, sondern es beginnt auch ein Datenkapitalismus, der die erhobene Datensammlung als direkte Möglichkeit von Wertschöpfung betrachtet. Die normative Kraft der Zahl macht wiederum eine Versachlichung des Subjekts erforderlich, das sich nun ganz unverhüllt, ja forciert an der Erfüllung von eben den Normen messen lassen muss, denen die Produkte zu entsprechen haben.

Mit den großen Wirtschaftskrisen und Börsencrashs Ende der 1920er Jahre hält das Krisenbewusstsein Einzug, das auch in den hier ausgewählten Romanen den Optimismus und den Gestaltungswillen trübt – die Kaufkrafttheorie hält der Praxis aus verschiedenen Gründen nicht stand, und so sehr die Neue Frau sich als emanzipatorisches, mithin hedonistisches Modell etabliert, sind doch die Zustände ökonomischer Deprivation ziemlich unentrinnbar und von großer Wirkungskraft.

---

109 Weber: *Protestantische Ethik*, S. 230; die Industriemetapher findet sich auch in der Bezeichnung von „stahlharten puritanischen Kaufleuten" (ebd., S. 108). Die Wendung wird bei Graeber aufgegriffen (2017, S. 92), und reflektiert wird damit ein Zusammenhang, der zur Modernekritik auch Georg Simmels gehört bzw. seiner Diagnose von strikten Sachzwängen und rein formalen ökonomischen Logiken entspricht (*Die Großstädte und das Geistesleben*, 1903).

110 Zur Amerikareise Max Webers vgl. Karl Schlögel 2023, S. 79–105.

Seitwärts behielt das patriarchalische System mit seinen familialen Werthaltungen die Oberhand[111] bzw. konnte es seine Ansprüche angesichts eines strapazierten Arbeitsmarktes mit hohen Arbeitslosigkeitszahlen geltend machen. Solche reaktionäre Geschlechterverteilung konnte dann der Nationalsozialismus dankbar aufgreifen.

111 Vgl. Katharina von Ankum: *Material Girls* (1994), bes. S. 160 f.

Selbst-Industrie: Gustav Großmanns Ratgeberbuch

In ökonomischer, aber auch technischer Hinsicht zeigen die 1920er Jahre prominent eines: Alle Steigerung von Produktivität erzeugt den stets neuen Willen zu ihrer weiteren Steigerung, die Eigendynamik der gesteigerten Zahl strebt nach ihrer Potenzierung – und als spin-off oder auch als Hilfsmittel bringt sie immer neue Texte hervor, Handbücher zum Beispiel, aber auch Ratgeberliteratur. Diese ist vor allem eine westliche Domäne: Sie stellt auf ein selbstverantwortliches Individuum ab, das seine Fähigkeiten erweitern und festigen will, um sich damit größtmöglichen Wohlstand, überhaupt erst einmal Standfestigkeit in einer nicht selten als feindselig wahrgenommenen Umwelt zu erwerben und sich insgesamt in eine Position zu bringen, die Lebenszufriedenheit bietet. Auch wenn östlich-sozialistische Utopien von ganz ähnlichen technischen Machbarkeitsideen und Optimierungspraktiken ausgehen, zeigt sich hierin eine wesentliche Differenz zu dieser kollektivistischen Ausrichtung in der westlichen Konjunktur von Ratgebertexten, die aber, wenn auch für Individuen konzipiert, nicht minder Drill- und Trainingsaspekte enthalten. Diese sollen internalisiert und in die Kontrolle des Subjekts gegeben werden, das damit aber auch an einem Optimismussystem teilhaben soll, welches die Tagesreflexion weit in den geöffneten Himmel der Zukunft stellt, der stets neue Entwicklung fordert.

Ein erstaunliches Werk dieser Textsorte stellt Gustav Großmanns berühmtes Selbsthilfebuch mit dem programmfähigen Titel *Sich selbst rationalisieren: Wesen und Praxis der Vorbereitung persönlichen und beruflichen Erfolgs* dar. Viele Neuauflagen hat dieses umfangreiche Werk seit seinem Erscheinen 1927 erfahren, schließlich ist es sage und schreibe 1993 noch publiziert worden – und doch wurde es von Philologen als diskursiver Quellentext noch kaum einbezogen. Als Wirtschaftsberater war Großmann, den Rieger als einen der einflussreichsten Selbstrationalisierer bezeichnet hat,[112] über einige Jahrzehnte aktiv und hat an einer interessanten Schnittstelle zeitgenössischer industrieller, psychologischer und selbstästhetischer Diskurse gearbeitet, die obendrein mit literarischen Anspielungen Chancen und Risiken der Selbstoptimierung

112 Stefan Rieger: *Die Individualität der Medien*, S. 93; Rieger betont auch Großmanns Vorliebe für physischen Drill (ebd., S. 92).

darstellen. Hier wird noch einmal (darin sogar ganz mutig gegen die zeitgenössischen partikularisierenden Vorstellungen) die frühneuzeitlich-klassizistische Vorstellung des Wirtschaftstreibenden als *uomo universale* stark gemacht. Andererseits finden sich ganz aktuelle betriebspsychologische Forschungen berücksichtigt – und dafür muss Großmann natürlich weit ausholen. In einer repetitiven, zirkulären Struktur, in der das grundlegende Argument eines planbaren Selbstmanagements und einer realisierbaren Wertschöpfung durchgearbeitet wird, zeigt das dickleibige 500-Seiten-Buch Anknüpfungspunkte an die zeitgenössisch boomende Ratgeberliteratur mit seinen Richtlinien der Verhaltensnormierung. Darin macht es Gebrauch der „geradezu industriellen Anlagen" von Psychotechnik bzw. von deren Werkzeugen, mit denen Großmann „den Menschen charakterologisch durchleuchten" will.[113] Integriert werden dabei auch quantitative Analysen von Stimuli und Reflexen durch Psycho- oder Biometriker, die ein optimales Prozessieren von Sinnesdaten und Aktivitätpotenzialen ermöglichen wollten, um Effizienz zu erzielen,[114] und nicht nur nebenher macht sich in diesem Buch ein Amerikanismus geltend, der seiner Konjunktur sicher förderlich war.

Auch insofern ist Großmanns Buch interessant, als es größtmögliche Aufstiegsdynamik entfalten will. Es scheint geradezu, als wolle der Autor damit nicht nur Wege aus dem Proletariat, sondern auch aus dem Angestelltentum weisen – Möglichkeiten jedenfalls, dem Heer der Kleinangestellten durch eigenes, kleines oder größeres Unternehmertum zu entkommen oder wenigstens innerhalb der Angestelltenverhältnisse durch eigene Initiative aufzusteigen. Siegfried Kracauers Beobachtung in seiner *Angestellten*-Studie von 1931, die sich auf eigene Gespräche und Beobachtungen vor Ort ebenso wie auf einzelne junge soziologische Studien bezieht, zeigt, dass der Durchschnittsarbeiter dem Kleinangestellten „oft nicht nur materiell, sondern auch existentiell überlegen" gewesen ist – und dieser dann auch noch „geistig obdachlos",[115] also ohne politische Lehre und Absicherung abonniert sei auf den Einzelkampf. Bei einer Zahl von 3,5 Millionen werden daraus gesellschaftsweite Auseinandersetzungen. Unter dem Druck der Rationalisierungsmaßnahmen, Mechanisierungen und Uniformierungen, so eine Leitbeobachtung Kracauers, habe sich auch in den Büros ein neues Proletariat herausgebildet, das in harten Auseinandersetzungen mit Mühe und Not nach unten Distanz

113 Gustav Großmann: *Sich selbst rationalisieren*, S. 472.
114 Vgl. Stefan Rieger: *Arbeit an sich*, S. 71.
115 Siegfried Kracauer: *Die Angestellten*, S. 91.

suche und in sich selber auf feinste Distinktionen bedacht sei.[116] Während in Angestelltenverhältnissen so etwas wie Karriereplanung kaum möglich war – Kracauer meinte, „ob sie auf der Straße oder im Hochzeitsbett endet, kann der beste Astronom nicht ermitteln"[117] –, sollte sie in unternehmerischen Verhältnissen günstiger bzw. beeinflussbarer sein. Ein weiterer für Großmann wichtiger Aspekt wird dann sein, dass die Maßnahmen zur Mechanisierung und Rationalisierung der Fabrikwelten nun auch in die Bürowelt Einzug halten, sowohl in der minutiösen Beobachtung der Einzeltätigkeiten und Koordinierung der Abläufe als auch in der Ersetzung menschlicher Denkleistung durch Rechenapparate wie die Hollerith- (oder Powers-) Maschine. Großmanns Publikation steht mitten in den Jahren der großen Rationalisierungsperiode, die Kracauer zwischen 1925 und 1928 ansetzt und die eine generelle Mobilmachung auch in den Büros erzeugt habe mit dem „Bestreben, die bisher ungefüge Masse der Menschen durchzurationalisieren."[118]

Auf der nächsten Ebene soll dies als Niederschlag rationaler Strategien in der Gestaltung des eigenen Arbeitstages gezeigt werden. Großmanns Ratschläge ziehen schon die Konsequenzen, die in der Berufspsychologie erst noch fundiert werden – denn die Studien der Berufspsychologen kümmern sich, so Kracauer, nun auch um den Büroarbeiter, mit dem man Experimente anstellt: „Buchungsproben, Telephonproben usw. Man beobachtet ihn: Wie legt der Kandidat die Rechnungen hin, die er zu ordnen hat? Man studiert ihn physiognomisch und graphologisch. Kurzum, der kleinste Angestellte ist für den Berufspsychologen ein Mikrokosmos."[119]

Davon sind nicht nur Eignungsprüfungen betroffen, sondern auch prinzipiell Maßnahmen zur Arbeitsoptimierung. Und Großmann empfiehlt nun etliche Regelungen, die die Überprüfung von Arbeitsleistung und Selbsteinstellung in die Hände des Einzelnen legen, welcher die Position des Experimentators internalisieren und daraus klare Schlüsse ziehen soll.

---

116 Kracauer bezieht sich nicht nur auf eigene Feldstudien, sondern auf soziologische Forschung (namentlich Emil Lederer), die den Raum der sklavischen Arbeit weniger in den Fabriken, sondern in den Büros sieht (*Die Angestellten*, S. 13). Walter Benjamin greift die Beobachtung in seiner Kracauer-Rezension auf und spitzt sie zu, wenn er schreibt: „In den Angestellten aber kommt nun ein neues, uniformierteres, erstarrteres, gedrillteres Kleinbürgertum herauf." (GS III, S. 227)

117 Siegfried Kracauer: *Die Angestellten*, S. 72.

118 Kracauer: *Die Angestellten*, S. 20; vgl. S. 12; zum Einsatz der Hollerith-Maschine ebd., S. 27.

119 Kracauer: *Die Angestellten*, S. 20.

Erlernbarkeit und Machbarkeit gehören zu den Grundeigenschaften von Optimierungskonzepten, ihre Kommunizierbarkeit in Form einer einfachen, nur gelegentlich Fachvokabular nutzenden Diktion ist Voraussetzung für den eigenen Erfolg. Eine entsprechend klare Sprache pflegt der Ratgeber Großmann, der explizit und vielfach zum Selberlernen und zur eigenverantwortlichen Tätigkeit anhand von Regeln und nachprüfbaren Zielen ermuntert. Das Motiv des Selfmademan bildet dabei eins der entscheidenden Konzepte des 20. Jahrhunderts, die den Arbeitnehmer auf der Schwelle zum Arbeitgeber darstellen, wenn er eben immer sprungbereit ist und sich „proaktiv" verhält. Und wenn es geschafft ist, gewohnte Verhaltensnormen abzubauen und neue anzunehmen, winkt Großmann mit Genie-Metaphorik, die wiederum den Fluss aller berechneten Anstrengung in kreatives bzw. „schöpferisches" Denken beschleunigen soll.[120] In diesem Sinne wird Joseph Schumpeter wenig später eine Theorie des schöpferisch-zerstörenden Unternehmers formulieren und den Gedanken zum makroökonomischen permanenten Innovationsprinzip ausweiten,[121] das heute als „Disruption" zur geläufigen neoliberalen Maxime geworden ist, die meist jubilatorisch in Szene gesetzt wird.[122] Weniger fanatisch, sondern eher noch im klassischen Duktus des allseitig gebildeten Menschkonzeptes wird in den 1950er Jahren der BRD-Wirtschaftsminister Ludwig Erhard als Charakteristika des kreativen Wirtschaftstreibenden in der sozialen Markwirtschaft „Kraft, Phantasie, den Witz, die Tüchtigkeit und den Gestaltungswillen der individuellen Persönlichkeit" fordern, was eben etwas anderes sei als das selbstbestätigende „Streben nach Sicherheit und Stabilität".[123] Aus bestimmten Gründen hat Erhard den Anspruch nicht für alle Gesellschaftsmitglieder formuliert (die auch nicht in Vollbeschäftigung gefunden hätten), sondern bezieht all dies auf Unternehmerpersönlichkeiten.

---

120 Für Großmann liegt das Schöpferische darin, „neue Mittel und Wege für die große Menge von Menschen zur Vernutzung und Auswertung [zu] schaffen" (*Sich selbst rationalisieren*, S. 295).

121 Großmann: *Sich selbst rationalisieren*, S. 295; vgl. Schumpeter: *Kapitalismus, Sozialismus und Demokratie* (amerik. 1942), wo die Zerstörung überkommener Produkte und Produktionswege nicht als inhumane Destabilisierung (wie in der marxistischen Kapitalismuskritik), sondern als Motor der makroökonomischen Innovation betrachtet wird. Um diesen Prozess gleichsam als Naturgesetz auszuweisen, wird dafür die biologische Metapher der „industriellen Mutation" gebraucht (1950, S. 137 f.).

122 Programmatisch in dieser Hinsicht Christoph Keese: *Disrupt yourself* (2022).

123 Erhard: *Wohlstand für alle*, S. 196.

Gustav Großmanns *Sich selbst rationalisieren* vernetzt unterschiedliche Ansätze von Selbstoptimierung und Selbstwirksamkeit: Philosophie, Psychologie und Psychotechnik, ökonomische Lehren und Arbeitswissenschaften – hinzu kommt Literatur, die über Konzepte der Bildung und das Selbsterzählen einen genuinen Einflussbereich darstellt. Auch hierin weist seine Methode Ansätze der Diaristik auf und steht sein Selbsttraining in der Tradition der Selbsterkenntnis; durch dauernde Referenzen auf Goethe als bestens organisierendem, schreibendem und mit kaufmännischem Geschick sich auf dem Markt platzierenden Gewährsmann weist er in die Richtung einer protestantischen Arbeitsethik, die nun industriell aktiviert wird. In dieser Hinsicht kann Großmann dann als streng disziplinierter, in Wiederholungsschleifen getriebener, auf kalkulierende Abrichtung aller Selbstsorge versessener Typus des Max Weberschen Fach- und Verstandesmenschen gesehen werden.

In der gewünschten Stärkung des einzelnen blitzt der Wettbewerbsgedanke immer wieder auf – das Kompetitive in Großmanns Konzept ist mindestens sportiv, bisweilen auch martialisch formuliert: Arbeits- und Selfmarketingstrategien werden als „Waffen“ und Rüstungsgebrauch bezeichnet, es sind „Ausscheidungskämpfe“ zu bestehen in einem umfassenden „Lebenskampf“, der sich in die Richtung von Darwins Kampf aller gegen alle rückverlängern lässt. Diesen Kampf kann jeder bestehen, aber gut abschneiden tun dabei nur die Tüchtigen – in diesem Sinne erscheinen auch die Übungseinheiten für die Arbeitswelt bisweilen als Überlebenstraining.[124] Innerhalb solcher vitalistischen Weltläufe wird für den einzelnen das Wunschbild einer allseitig gebildeten, seelisch und körperlich trainierten, smarten und weltläufigen Wirtschaftspersönlichkeit aufgebaut, die gleichwohl in Maschinenmetaphern dargestellt wird: „Die Hand ist ein Werkzeug zum Greifen, Halten, das Auge das Instrument zum Sehen, das Ohr gleicht dem Radioempfänger, und das Zentralorgan mit der Zentralschaltanlage ist das Gehirn.“[125] Solche mechanoiden Beschreibungsweisen der Physis sind auch Bestandteil einer neusachlichen Medizin mit einem Körperbegriff, der ins Maschinelle tendiert: Fritz Kahn, Arzt, Pädagoge, Wissenschaftsjournalist und nicht zuletzt Informationsgrafiker hat diese Vorstellung eines homo mechanicus zu populären, lehrhaften Darstellungen verarbeitet und auf seinen anatomischen Lehrtafeln den Menschen in technoiden Formen unter anderem als sozusagen königliche Fabrik konzipiert. Die Abbildungen seines fünfbändigen Kompendiums (1922–1931) waren in der Weimarer Republik weit verbreitet und spiegeln diese

---

124 Großmann: *Sich selbst rationalisieren*, S. 175, S. 188, S. 61 (Zitate); vgl. S. 51 f.
125 Großmann: *Sich selbst rationalisieren*, S. 212.

in einiger Hinsicht. Kahn selbst ging es allerdings damit mehr um die Anschaulichkeit, die technischen Bebilderungen waren für ihn durchaus verträglich mit einem „Verständnis des Körpers als lebendiges Ganzes".[126]

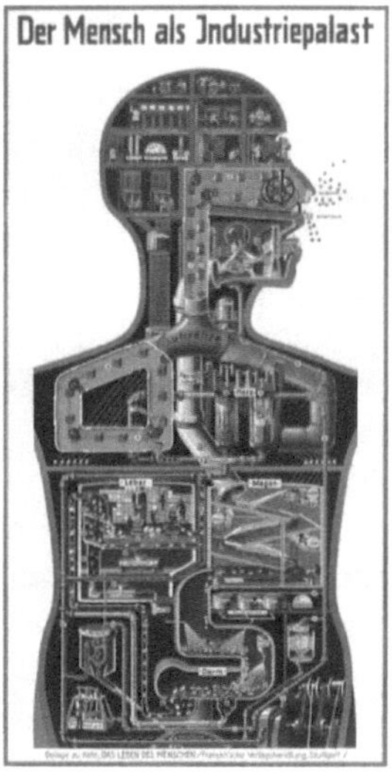

Abb. 3: Fritz Kahn: Der Mensch als Industriepalast (1926, Plakatanlage zu Bd. 3)

In dieser Aktualisierung des Maschinenmenschen, den de la Mettrie 1748 in *L'homme machine* auf einen materialistischen Punkt reduziert hatte, liegt das Konzept einer organischen Maschine – und mithin ein Machbarkeitsgedanke, der mit zeitgenössischem technischem Equipment fundiert wird und perfekt in Großmanns System passt.

Zur Technikbegeisterung gehört Selbstwirksamkeitsüberzeugung, deren Stärke den Erfolg begünstigt – der aktive Arbeiter, Angestellte oder (Klein-)Unternehmer soll seine gestaltende Rolle erkennen, Fehler eingestehen und diese systematisch beheben.[127] Rationelles Handeln, Vermeidung von Verschwendung, Konzentration von Energien gehören zum Pflichtprogramm der Leistungssteigerung, und dazu gehört ein selbstbewusst agierender Mensch, der sich selbst für den Angelpunkt hält, aus dem heraus ein Kraftimpuls erfolgt – so ist das heroisch-moderne Modell

126 So die Einschätzung von Hau/Ash 2000, vgl. S. 13–16 (Zitat S. 15).
127 Großmann: *Sich selbst rationalisieren*, S. 36.

dieser Arbeit konzipiert, das für Arbeiter, Angestellte und Unternehmer in gleicher Weise gilt.

Ganz im Sinne des Taylorismus soll der einzelne seine Spezialbegabung erkennen und verbessern, wobei Großmann durchaus noch an eine gediegene Allgemeinausbildung denkt – all dies, um „größer, besser und vollkommener“ zu werden.[128] Nach Abhaken einer Fähigkeitenliste für bessere Selbsteinschätzung und -kontrolle empfiehlt Großmann dann zur allgemeinen Dispositionssteigerung ein Ensemble von Notizbüchern, Werkplänen und Tagebüchern, mit deren minutiöser Gestaltung nach Stunde und Minute der Tagesablauf konzipiert wird.[129] Seinen Jüngern und willigen Befolgern seiner Methode erlegt Großmann den Imperativ der Selbstschrift auf, die aber nicht via Schreibmaschine, sondern manuell niedergelegt werden soll. Stift und Papier sind als omnipräsente Wegbegleiter unerlässlich, ihre Nutzung zwingt zu Aufmerksamkeit, sie diszipliniert durch Graphomotorik. Sie ist zu systematisieren:

> „Bevor sich ein Mensch an eine Aufgabe bindet, sollte er mit Bleistift und Papier genau festlegen, ob er diese Aufgabe erfolgreich durchführen kann oder nicht, und wenn es sich herausstellt, daß er sie nicht durchführen kann, dann sollte er die Finger davon lassen. Mehr als 90 Prozent aller Mißerfolge könnte man auf diese Weise aus der Welt schaffen.“[130]

Die Nutzung von Bleistift, Papier bzw. Karten und Notizbüchern wird an vielen Stellen empfohlen, der Werkplan soll aber auf die Maße des Ringordners angepasst sein, wofür es auch definierte Abmessungen gibt. So lautet die klare Sprache, die das Kleine mit dem Großen in Zusammenhang bringt: „Wir leben in einer Epoche der Normung. Das genormte Einheitsformat für Korrespondenzpapier ist DIN A 4“.[131] Ganz ähnlich hat Robert Musil im *Mann ohne Eigenschaften* eine Tendenz der Lebensnormung diskutiert, die sich analog zur „Normung von Bleistiften oder Schrauben“ verhalte.[132] Großmann erwähnt damit eine allgemeine Tendenz, denkt aber speziell an den im Dezember 1917 gegründeten „Normenausschuß der deutschen Industrie“, der maßgeblich für privat- und staatswirtschaftliche Normen wurde und 1975 in den heutigen Titel „DIN Deutsches Institut für Normung“ umbenannt wurde. Vereint man

128 Großmann: *Sich selbst rationalisieren*, S. 309.
129 Großmann: *Sich selbst rationalisieren*, S. 290 f.
130 Großmann: *Sich selbst rationalisieren*, S. 82.
131 Vgl. Großmann: *Sich selbst rationalisieren*, S. 115; vgl. S. 106 ff.; zur Handhabung notwendiger Industrienormungen vgl. auch Henry Ford: *Das große Heute* (1926), S. 98–112.
132 Robert Musil: *Mann ohne Eigenschaften*, S. 246.

die genormten Tagespläne zu Monatsplänen (die der besseren Übersicht halber jeweils wieder auf die Rückseite der Tagesblätter geheftet werden), lassen sich auf Millimeterpapier gezeichnete Verlaufs- bzw. Entwicklungskurven hinzufügen, um eine bessere Gesamtschau zu gewinnen. In der Sprache des *kairos*, des günstig genutzten Augenblicks heißt es dann, „besondere Gelegenheiten auszunutzen, kleinere Zeitabschnitte oder gerade verfügbares Personal“ einem Zweck zuzuführen.[133] Typografisch hat das Buch selbst Elemente der Buchführung übernommen mit abschnittweisen Trennstrichen, haarfeiner Kapiteluntergliederung oder lenkenden Pfeilspitzen, die die Lektüre anleiten sollen.

Tägliche Arbeiten

	Monat Januar	Zeit
	Morgens	
1	Waschen	6^{00}—6^{10}
2	Gymnastik	6^{10}—6^{20}
3	Vorbereitung nach dem Tagesplan	6^{20}—6^{30}
4	Willensvorbereitung und Selbstbegeisterung	6^{30}—6^{35}
5	Ankleiden	6^{35}—6^{45}
6	Kaffee	6^{45}—7^{00}
7	Zum Dienst	
	Mittags	
1	Zum Essen. Zeitunglesen	20 Min.
2	Essen	30 „
3	Ruhen	40 „
4	Zum Dienst	20 „
	Abends	
1	Nach Hause	20 „
2	Lesen oder Planrückblick	10 „
3	Essen	30 „
4	Frei für private Arbeiten, Erholung, Vergnügen	120 „
5	Entkleiden	10 „
6	Bad oder Abreiben	10 „
7	Kurze Abendgymnastik	5 „

Abb. 13. Tagesplan für täglich wiederkehrende Arbeiten.

Abb. 4: Mustergültiger Tagesplan Großmanns (S. 143)

133 Vgl. Großmann: *Sich selbst rationalisieren*, S. 139 f.; vgl. S. 452.

Flankierend zu seinem mustergültigen Tagesplan gibt Großmann methodische Anweisungen zur Führung eines arbeitswissenschaftlich fundierten Tagebuchs, und zwar generalstabsmäßig präzise:

> „1. In jedem Fall notieren Sie in Ihrem Tagebuch den Zeitpunkt, an dem die fertige Leistung vorliegen muß, und kontrollieren Sie die Ausführung der Befehle durch Sie selbst und durch andere! Dadurch schützen Sie sich vor unangenehmen Unterlassungssünden, die meist ihre Ursache in der Vergeßlichkeit haben. 2. Ihr Tagebuch sei Ihr ständiger Begleiter! Beginnen Sie Ihre Tagesarbeit mit dem Studium der Aufgaben, die Sie dem Tag gegeben. Ergänzen Sie nach Bedarf und achten Sie darauf, daß jeder Befehl ausführbar ist! 3. Jedes Versprechen, jede Zusage gehört auf jeden Fall ins Notizbuch. Es sind Selbstbefehle, die ausgeführt werden müssen."[134]

Soweit die klare Sprache des Imperativs, der verinnerlicht werden soll. Daten über die eigenen Leistungen sind permanent mitzuschreiben, und das Medium soll zur Außenkontrollstelle seines Halters werden, weil es ihm nicht nur allzeit zur Verfügung steht, sondern seine Nutzung fordert, der der Planende sich zu unterwerfen hat – denn andernfalls wird er erfolglos bleiben und droht in das Herr von Arbeitern oder Angestellten zurückzusinken. Es werden hier nicht nur Taylor und Ford allgemein angeführt oder die Organismen der Arbeitenden als Maschine dargestellt, die vor Schäden bewahrt werden müssen, um Leistungsfähigkeit zu erhalten.[135] Konkreter erscheinen auch die Tagespläne, to-do-Listen und die begleitenden Selfmanagement-Anleitungen als permanente Optimierungshilfen, damit man im strengen Training zu jenem neuen, modernen Menschen werden kann, „der an seiner Selbstbildung, an seiner Vervollkommnung ständig weiter arbeitet" und über „gute Fähigkeiten, gute Umgangsformen und vorbildliches Auftreten verfügt".[136] Private Buchführung ist eine erhebliche Hilfe, aber auch unerlässliches Mittel der Selbstbeobachtung, die nun auch allgemeine Verhaltensformen betrifft. Und solcherart sind dann die modernen Eckdaten fürs Autobiographische, wenn sie sich auf ein Text- und Datenfeld erstrecken, das auf Geldvorgängen basiert – um vor allem den Abgleich der eigenen Leistungskraft darzustellen: „Der ordentliche Mann besitzt seine Bücher von frühester Kindheit an. Es ist für ihn äußerst interessant, nachzublättern, um festzustellen, wofür er sein Geld vor einem Jahrzehnt ausgegeben hat. Betrachtung seiner Tagebücher, Werkpläne und Studium seiner eigenen Buchführung erzieht zur Objektivität."[137]

---

134 Großmann: *Sich selbst rationalisieren*, S. 142.
135 Vgl. Großmann: *Sich selbst rationalisieren*, S. 79.
136 Großmann: *Sich selbst rationalisieren*, S. 431.
137 Großmann: *Sich selbst rationalisieren*, S. 452 f.

Dies wäre der Optimalfall der Selbstaufzeichnungen: die Begründung eines eigenen Längsschnitts aus Leistungsdaten gleichsam als fortgeschrittene Methode der Selberlebensschreibung. Aber auch ohne so etwas kann sich das Subjekt unter diesen Voraussetzungen und mit den Hilfsmitteln eines minutiösen Tagesplans zu gesteigerter persönlicher Leistungsfähigkeit disziplinieren. Das Vorbild, das Großmann in Benjamin Franklin sah, wird auch hier offenkundig und kommt zur Anwendung: Das Subjekt soll sich unter diesen Voraussetzungen und mit den Hilfsmitteln eines minutiösen Tagesplans ein eigenes Ziel geben, das der persönlichen Leistungsfähigkeit entspricht. Benötigt werden hierzu nicht nur Selbstkalkulationen von Arbeitszeiteinteilung oder die Planung von Grob- und Feinzielen, sondern auch das Management von Phantasie bis hin zur Lenkung von Muskel- und Gestikbewegung, die nach dem Grundsatz der rationellen Energiezuweisung gemeistert werden sollen.[138]

Großmanns offenbar gute Kenntnisse der zeitgenössischen Sinnes- und Nervenphysiologie lassen ihn das Gehirn als Zentralstelle bzw. „Riesenregistratur" bezeichnen, und mit Blick auf diese Körper-Psyche-Verbindung werden spezielle, auch motorische Schreib(maschinen)übungen empfohlen. In schöner Doppelung sind diese wiederum zu protokollieren, insofern sie darüber hinaus „alle Sinnesfähigkeiten bedeutend steigern" könnten.[139] Kracauer hat entsprechend über den Drill auf Tempo beim Schreibmaschinenlernen berichtet, dass zu Schallplattenmusik das Tippen gelernt wird, um dabei die Laufgeschwindigkeit zu erhöhen und damit wiederum das Schreibtempo flotter werden zu lassen durch Verbesserung der „Fingergeschicklichkeit".[140]

Untermalt wird dies allerdings bei Großmann von einem klassisch-deutschen Bildungsideal: Er benennt nicht nur die physiologischen Erfolgsvoraussetzungen, sondern auch die charakterlichen Ausprägungen und Fähigkeiten als Bildungsziele, wie sie in amerikanischen *Efficiency*-Büchern gefordert werden und deutlich an Franklin erinnern: „Ehrlichkeit, Höflichkeit, Energie, Begeisterung, Sparsamkeit, Selbstachtung, Urteilskraft, Mut Gerechtigkeit, Ordnungsliebe, Verantwortungsbewußtsein, Pünktlichkeit, Geistesgegenwart, Schlagfertigkeit und eine Reihe anderer."[141] Die Selbsterkenntnisformel der Antike ist nun auf ein Subjekt gemünzt, das jederzeit zur Diagnose bereit ist und diese auch zur Not

138 Vgl. Großmann: *Sich selbst rationalisieren*, S. 163 bzw. S. 301 ff.
139 Vgl. Großmann: *Sich selbst rationalisieren*, S. 202 bzw. S. 239.
140 Kracauer: *Die Angestellten*, S. 30 bzw. S. 29.
141 Vgl. Großmann: *Sich selbst rationalisieren*, S. 282.

gegen sich selber wendet, insgesamt jedenfalls sich sozial- und arbeitsfähig einbringen soll.

Großmann radikalisiert in seiner Tagebuchbestimmung die neuzeitlichen Perspektiven der Selbstordnung und lässt das Individuum als Teil einer gesellschaftlichen Maschine erscheinen, zu deren Datensammlung es beitragen soll. Auch hier gilt wie schon um 1800: Der Einzelne steht unterm Imperativ der Selbstschrift – wie aktiv sie aber von massenhaften, allesamt erfolgsorientierten Individuen betrieben werden kann, bestimmt einerseits das soziale Konkurrenzverhalten, andererseits das jeweilige Staatengebilde mit seinen Informationspolitiken und Technologien.

Dass auch Großmann Makrozusammenhänge im Auge hat, zeigt sich dann dort, wo er alle arbeitswissenschaftlichen Beobachtungen mit den planmäßigen Einzelkalendarien zusammendenkt: Mit einer umfassenden verschlagwortenden Registratur, die in einer einheitlichen Weltsprache (etwa Esperanto) abgefasst wäre, ließe sich dann auch die neuzeitliche Idee eines „Universalgehirns" verwirklichen, das „eine Registratur alles dessen darstellen sollte, was Menschengeist und Menschenhirn bisher auf der ganzen Welt geschaffen und niedergeschrieben haben". Das wäre eine Alternative zu Hegels Weltgeist, der die Summe alles dessen darstellte, was je gedacht wurde – und durch eine solche *scientia generalis* als Klassifikation des gesamten Weltwissens wäre dann ein „Gehirn der Welt zu schaffen".[142] Auch der frühneuzeitliche Gedanke der Kommunikation gelehrter Geister oder des Leibnizschen Informationsbüros des 17. Jahrhunderts wird damit aktualisiert, mittlerweile ist er auch technisch in greifbare Nähe gerückt – wenn auch noch drei Unternehmergenerationen vor Silicon Valley, so doch kurz vor Beginn des informatischen Zeitalters.

Es wird nun ein Trichter- oder Zoomsystem entwickelt, das die Methode Luca Paciolis, Geschäftsbriefe und Geschäftsvorfälle zu ordnen und jederzeit Kapital und Reserven zu überschauen, mit Henry Fords Planorientierung kombiniert.[143] Die Haupt- und Teilaufgaben werden als Baumdiagramm dargestellt, danach die Kostenaufwände der Arbeitsschritte berechnet. In solcher Einschätzung und Rationalisierung des Werkplans lassen sich dann jeweils günstigere Posten einsetzen und nach Wahrscheinlichkeiten in ihrer Effizienz abschätzen, sodann Teilstufen und Mittel bzw. Maßnahmen durch bessere ersetzen, um damit Fehler der Vergangenheit zu vermeiden oder zukünftige Aussetzer zu antizipieren.[144]

142 Vgl. Großmann: *Sich selbst rationalisieren*, S. 335 bzw. S. 338.
143 Vgl. Großmann: *Sich selbst rationalisieren*, S. 106 bzw. S. 116–119.
144 Vgl. Großmann: *Sich selbst rationalisieren*, S. 121 bzw. S. 128 f.

Mit alldem folgt Großmann nicht nur den Vorschlägen der Psycho-, Bio- und Anthropometriker, sondern greift er auch die Impulse einer klassisch-humanistischen Tradition auf mit ihren Vorstellungen einer allseitig gebildeten, schöpferischen Persönlichkeit, die ihre Erfahrungen gestalten will. Dies wird deutlich an zahlreichen Goethe-Bezügen, die ihrerseits an Imperative der Selbstschrift und der präzisen Zeiteinteilung anknüpften. Das wirtschaftlich erfolgreiche Leben kann dann auch ein Leben als Kunstwerk stiften – ein Gedanke, der mit Blicken auf Goethes produktives Schaffen grundiert, ja sogar mit Schreibempfehlungen für erzählende Autoren verbunden wird.[145] Dies steht auch gar nicht in Konkurrenz mit der zu berechnenden Tagesplanung. Denn Arbeitskunst und Lebenskunst fallen in eins, sie werden eine Gesamtpoetik und durchziehen die Dichtung als Prinzip ebenso wie industrielle Arbeitsbereiche: „Wer aus seinem Leben ein Meisterwerk machen will, muß bemüht sein, auch die einzelnen Teile seines Lebens meisterhaft zu gestalten, jeden Lebensabschnitt, jedes Lebensjahr, ja den Tag ebenfalls."[146] Wenn an Dichtern Produktivität gemessen werden kann, lässt sich umgekehrt auch von „Arbeitskünstlern" sprechen[147] – so die neue Selbstpoetik des sich kalkulierenden Subjekts.

Der teleologische Lebensplanungsbegriff wirkt sich bis in die Erhaltung der körperlichen Fitness aus, und auch darin bleibt er ganz der instrumentellen Vernunft verpflichtet. Das Ziel der Lebensplanung wird gestützt durch Erhaltung oder Erwerb körperlicher Fitness, die dem großen Zweck untergeordnet ist. Großmanns diätetische und übungsorientierte Körperregeln sind zugleich zukunftsweisend – so wie die Annahmen seiner Gewährsleute Taylor und Münsterberg, die exakt in diese Richtung denken, liegen sie auf einer großen Linie mit dem Mainstream moderater sportlicher Betätigung in Richtung bürotauglicher Fitness, die in den 1920er Jahren ebenso prägendes Thema war wie der Körperkult, der sich von der Funktionslust autonomisierte. Großmanns Körperbeachtung liegt zwischen Hedonismus, Gesundheitskultur und Funktionslust, aber doch mit Betonung auf dem letzteren.

Ratgeberliteratur hat auch in diesem Ressort Konjunktur, sei es für weibliche Gymnastik oder männlichen Sport,[148] bei welchem die Athleten vor allem in Maschinenbegriffen beschrieben werden. Insofern nun der

145 Tatsächlich stellt Großmann mit häufigerem Bezug auf Goethe arbeitstechnische und verstreute kleinere poetologische Überlegungen an (etwa S. 83; S. 105 f.).

146 Großmann: *Sich selbst rationalisieren*, S. 133.

147 Großmann: *Sich selbst rationalisieren*, S. 421.

148 Vgl. Ernst Preiß: *Neue Wege der Körperkultur* (1926). Zum „Amerikanismus in Sport und Kunst" vgl. Kai Marcel Sicks 2005, Zitat S. 41.

Körper bei Großmann als Werkzeug betrachtet wird, ist Körperbeachtung eine notwendige Maßnahme – und er sieht dies als unbedingtes Mittel zur Steigerung der Produktivität: „Gerade die Gegenwart ist bestrebt, den Körper zu pflegen und ihn jung und elastisch zu erhalten. Da aber der Körper das Instrument unserer Arbeit ist, erhöhen wir durch eine vernünftige Körperkultur und Pflege unsere Leistungsfähigkeit.“[149] Damit liegt Großmann ganz auf der Diätetik- und Kosmetiklinie Karpelis' und vieler anderer – insofern aber vor allem Arbeitskraft und Repräsentabilität durch gepflegtes und gesteigertes Aussehen gefördert werden sollen, liegt bei ihm die Betonung auf „vernünftig“, zweckrational, auf ein Gleichgewicht von Körper und Geist zielend oder die Spannkraft erhaltend, nicht auf Kosmetik oder Körperkult als Selbstzweck. Denn so viel ist spätestens mit Kracauers *Angestellten*-Studie klar: Das äußere Erscheinungsbild spielt eine Rolle bei Vergabe der Angestelltenpositionen, älteres oder jugendliches Aussehen ebenso, was den „Andrang zu den vielen Schönheitssalons“[150] erklärbar macht: „Aus der verminderten Absatzfähigkeit von Runzeln und angegrauten Haaren macht der Beamte kein Hehl“,[151] und die generelle Beobachtung geht dahin, „daß sich in Berlin ein Angestelltentypus herausbildet, der sich in Richtung auf die erstrebte Hautfarbe hin uniformiert. Sprache, Kleider, Gebärden und Physiognomien gleichen sich an, und das Ergebnis dieses Prozesses ist ebenjenes angenehme Aussehen, das mit Hilfe von Photographien umfassend wiedergegeben werden kann.“[152] Solche uniforme Einrichtung im angenehmen Mittelwert des Äußeren entspricht dann derjenigen, die hinsichtlich der normierten Arbeitshandgriffe gebraucht wird.

Mit seinen diätetischen und trainingsorientierten Körperregeln hat Großmann weit in die Zukunft gewiesen bzw. kann er als diskursives Sprachrohr eines heutigen Körperselbstkultes gelten, der sich mittlerweile allerdings vom gesundheitlich-ökonomischen Zweck weitgehend autonomisiert und dem Freizeitleben zugewendet hat. Das Selfmanagement Großmanns ist vergleichbar mit jenen Konzepten der Mechanisierung des Körpers, die Athletenkörper optimieren sollen – das Subjekt ist buchstäblich dem modernen Trainingsregime unterworfen, und dies führt zu „acceptance or even celebration of the ominously mechanized, technological landscape of the modern world.“[153] Wenn die agonalen Zustände

149 Großmann: *Sich selbst rationalisieren*, S. 416.
150 Kracauer: *Die Angestellten*, S. 25.
151 Kracauer: *Die Angestellten*, S. 23.
152 Kracauer: *Die Angestellten*, S. 25.
153 Michael Mackenzie: *The Athlete as Machine* (2005), S. 61.

des Wirtschaftskreislaufs so vom Individuum internalisiert werden, bleibt auch der Selbstgenuss des Körpers seinem Funktionieren weitgehend untergeordnet – und hier zeigt sich, dass Webers Diagnose eines verselbstständigten Wertschöpfungsstrebens seit der Frühen Neuzeit nunmehr für die 1920er Jahre, auch noch für das weitere 20. Jahrhundert Geltung beanspruchen kann. Das offenkundig Zwanghafte der Großmannschen Durchrationalisierung des Lebens, das weit jenseits von Selbstverwirklichung (oder gar: selbstständigem Willen) eine Selbstmaschinisierung bedeutet, weist dann über den Horizont des individuellen Arbeitswillens hinaus auf eine kollektive Abrichtung, bei der gelegentlich noch deutschtümelnd-nationalistische Tendenzen durchschimmern.[154]

Derart maschinell gedacht scheint das Bestehen im Wettbewerb leichter denkbar zu sein, und dies erfordert entschieden klare, im Sinne des Ziels formulierte Ratgeberliteratur. Hier spielt der österreichische Sozialwissenschaftler Rudolf Goldscheid eine Rolle, der einen dezidiert normativen Aspekt in die Sozialdebatten brachte, die er (nach gemeinsamer Begründung des soziologischen Arbeitsfeldes) gegen Max Weber führte. Hauptsächlich sind seine Überlegungen durch Malthus und auch Darwin beeinflusst, wenigstens auf diese bezogen – oder eben aktualisiert durch die Auffassung, dass sich nun die Sozialwissenschaften um eine Ökonomie des Menschen kümmern müssten mit dem Ziel, ein Gleichgewicht zwischen Unter- und Überbevölkerung zu erzielen. Mit dieser *Menschenökonomie* soll die richtige Zahl erreicht werden, und sie erfordert nicht nur Aktivität und Energieeinsatz, sondern Dezisionisismus. Das *survival of the fittest* wird durch einen Prämierungsgedanken ergänzt – es steht nämlich die Evaluation des Besten an; erkennen tut man ihn daran, dass er Dinge aus der Umgebung oder technische Ausrüstung für seine Zwecke zu nutzen weiß, und dies auch in richtiger Dosierung. Generell kritisiert Goldscheid Energievergeudung und setzt er kluges Management und rationellen Einsatz von Ressourcen als Maßstab.[155] Dies gilt in der Einzelaktion wie auch im Prinzip, in dessen Namen er „größtmöglichen evolutionistischen Mehrwert" predigt.[156] Evolution ist dann aber nicht Anpassung des Subjekts an Lebensverhältnisse oder Naturgegebenheiten, sondern umgekehrt soll es sich die Dinge zu eigen machen – und deswegen geht es um „aktive Anpassung des Objekts an die Erfordernisse des

154 So die plausible Einschätzung von Jürgen Straub: *Rationalising Life by Means of Self-Optimisation* (2018).

155 Rudolf Goldscheid: *Entwicklungswerttheorie, Entwicklungsökonomie, Menschenökonomie. Eine Programmschrift.* Leipzig: Klinkhardt, 1908, Ibid., XXV.

156 Goldscheid: *Entwicklungswerttheorie*, S. 90.

Subjekts, statt sklavisch passive Anpassung des Subjekts an die Tücken und Launen des Objekts, das ist die kopernikanische Tat des höher organisierten Lebewesens."[157]

Der Optimierungsgedanke wird zum Generalansatz auch für Makroverhältnisse, in denen sich der ressourcenbewusste Einsatz der Mittel auszahlt – es muss dann Schluss sein „mit der unerhörten Verschwendung von Menschenleben, menschlicher Gesundheit und menschlicher Entwicklungskraft, wie sie auch in der gegenwärtigen Wirtschaft noch ganz allgemein ist".[158] Um eine chaotische Natur zu dominieren und sich diese mit konzentrierten Arbeitskapazitäten untertan zu machen, denkt Goldscheid weniger an Betriebsführung oder die Verbesserung eines individuellen Status, sondern grundlegend in nationalökonomischen Bahnen. Seine Theorie zielt nicht auf Kaufkrafterhöhung in der Gegenwart, sondern darauf, Zukunftspotenzial, also dauerhaft generative Kräfte zu schöpfen.[159] Weniger ist er am privaten Wohlstand, vielmehr am gemeinwirtschaftlichen Nutzen einer Arbeit interessiert, wie überhaupt sein Denken auf die Gesamtmaschinerie der gesellschaftsweiten Arbeit zielt.[160]

Auch wenn Goldscheid zuerst an Wege der Optimierung und nicht der Selektion dachte, bleibt problematisch, dass seine Werttheorie oder die Diskussion des Menschenwerts immer das Gegenteil mitbetrifft, also diejenigen, die durchs Raster fallen. Mindestens ist sie eine Evolutionstheorie.[161] Und Wachstum ist eine Allzweckwaffe zum Überleben, die auch auf die Bevölkerungszahl ausgedehnt wird – ist dies gesichert, steht als nächstes eine „arterhaltende Anpassung an die Härten des Kampfes ums Dasein"[162] an. Das ist schon existenzialistische Rede à la Heidegger, und schlimmer noch führt Goldscheid in den 1920ern Begriffe wie „Volkskörper" und „Rasseschädigung" an, die im Falle der ökonomischen Stagnation zu bedenken seien, bis hin zum allwaltenden „Kampfprinzip".[163]

Manches zumindest aus dem kompetitiven Diskurs von Wettbewerb und Kampf nimmt auch in Großmanns Werk kämpferische Formen an, wenn es doch recht häufig um Behauptungswillen, Tatkraft und Überlebenstraining geht.[164] Allerdings ist sein Konzept kaum auf die Masse

157 Goldscheid: *Entwicklungswerttheorie*, S. XIX.
158 Goldscheid: *Entwicklungswerttheorie*, S. 46.
159 Goldscheid: *Entwicklungswerttheorie*, S. 5 („die Kaufkraftenergie der Gegenwart aufzulösen in die Entwicklungsökonomie der Zukunft").
160 Goldscheid: *Entwicklungswerttheorie*, S. 191, 150.
161 Goldscheid spricht vom „größtmöglichen evolutionistischen Mehrwert" (*Entwicklungswerttheorie*, S. 90).
162 Goldscheid: *Entwicklungswerttheorie*, S. 204.
163 Goldscheid: *Entwicklungswerttheorie*, S. 112, 145.
164 Großmann: *Sich selbst rationalisieren*, 175, 188, 61; vgl. 51–52.

bezogen, Arbeitsdisziplin wird optimistisch auf die Aktivität der Einzelnen gemünzt, deren Summe dann eine erfolgreiche Wirtschaft begründen wird. Bei so viel Verheißung und optimistischer Selbsteinschätzung können aber die Mittel rasch aus dem Blick geraten und hinterrücks zum Fetisch werden – verdunkelt wird der Effekt, dass in der Rückverstärkung des Rationalisierungsgedankens die präzisen Zeit- und Bewegungsaufzeichnungen zum Selbstzweck werden, ja immer neue Standards ausprägen können, die eben weniger durch harmonisches Zusammenarbeiten, mehr aber durch Monitoring und Überwachung gesichert werden konnten. Damit hat Großmann an Normbildungen mitgewirkt, die ihre Schattenseiten hatten: Die Suche nach technischer Effizienz, nach Kooperationsstrukturen und Netzwerken sowie das Etablieren von Standards bilden hier ein offensiv vorgetragenes normatives Prinzip, das den Nonkonformisten oder Minderleister exkludiert. Dies produziert einen stark ausgeprägten Normalismus, der sensu Foucault seine Maßstäbe auf Mittel- und Grenzwerte bezieht und Disziplin, Regelbefolgung, Unterwerfung in Handlungsfeldern erfordert und schließlich in die Produktion devianter Subjekte mündet[165] – oder mindestens solcher, die aus der Norm herausfallen.

Mit komplexen oder dialektischen, kritischen Theorien zur Arbeitsgestaltung ist Großmann nicht befasst; sein Optimismus ist ebenso ungetrübt wie der starke Glaube der Psychotechniker an die Zukunft. Nimmt man sein Thema der Selbstentwicklung durch Selbstreflexion und -beobachtung, minutiöse Planung und mentale sowie körperliche Disziplin, radikalisiert er durch den empfohlenen Gebrauch des Tagebuchs dieses Medium, das nicht nur Getanes verzeichnet, sondern auch Pläne entwickeln hilft. Es zeigt sich darin aber wiederum ein durchaus individuelles Element innerhalb der sozialen Maschinerie, an deren Datensammlung die subjektive Auszeichnung mitwirken soll. Subjectum ist der einzelne hinterrücks dann im Wortsinn – der Imperativ der Selbstschrift verpflichtet zum Tribut an allgemeine Prinzipien, die in die eigene Betriebsführung einfließen.

Verwandt mit Taylors Betriebsführung sind die Grundlagenkenntnisse von Arbeitsprozessen und der Versuch einer Systematisierung, auch Kenntnis von Abläufen und mentalen Ereignissen. Großmann meint allerdings kaum körperliche, sondern vor allem unternehmerische Arbeit in kleineren bis großen Bereichen. Überwachung von Zeitvorgaben oder das Einhalten von Rhythmen und Gewohnheiten bei Arbeitern ist Taylors Thema, Großmann zielt mehr auf Internalisierung von Regeln und

---

165 So eine Leitthese Michel Foucaults in: *Sexualität und Wahrheit*, Bd. 1. (1977).

deren mentales Einsetzen durch ein selbstverantwortliches Individuum, das kaufmännisch initiativ werden und seinen Arbeitsrhythmus individuell kalkulieren soll. Optimierung ist das übergreifende Ziel, Großmann adressiert sein Buch aber an Bürokräfte, Innendienst- und Außendienstmitarbeiter, Büromitglieder oder Einzelhandelskaufleute und Unternehmer in spe gleichermaßen. Er nutzt die Versuchsergebnisse aus den Labors der Psychotechniker, um den Denkhorizont des Einzelnen für die Konstruktion von individuellen Plänen zu erweitern, während Taylor zwar auch das Individuelle sieht, letztlich aber dem Arbeitserfolg großer, mechanisierter Betriebe verpflichtet ist.

Die beschriebenen Techniken der Selbstplanung handeln nicht nur vom Aufzeichnen und Projektieren, es geht genauer um die Rhythmisierung des Arbeitstages. Pünktlich zu sein und ein gegebenes Ziel in einer bestimmten Zeit zu schaffen ist ein Nahziel – Automatisierung zu erlangen und sich selbst Struktur zu geben, um Arbeitsschritte auch zu geschmeidigen Abläufen zu machen und daraus musterhaft Prozeduren zu gewinnen, die auf ähnliche Abläufe hin extrapoliert werden können, das ist dann der weiterführende Anspruch für denjenigen, der aus dem Ratgeberbuch nicht nur Einzelrezepte, sondern Selbstgenerierung betreiben will.

Die Großmann-Methode, die präzise Zeitpläne mit sinnvoller Nutzung des Tages und Kontrollstrategien der Psychotechniken um 1900 verbinden will, zielt auf Selbstvergewisserung und den Gewinn eines Möglichkeitsraumes für in Zeit- und Raumbedarf optimierte Aktionen, die eine Minimierung des Energieeinsatzes, Kapitalvermehrung sowie Persönlichkeitswachstum mit sich bringen sollen. Damit wird aber auch deutlich, dass an dieser Art Selbstoptimierung heteronome Instanzen mitschreiben. Heute, hundert Jahre später, hat sich unter digitalen Bedingungen der Schwerpunkt etwas geändert und ist natürlich technisch ein völlig anderes Niveau erreicht, das Problem lässt sich aber in den grundsätzlichen diskursiven Entscheidungen bis 1900 zurückverfolgen.

Optimierung des Erzählens in Poetologien der 1920er Jahre

Dass in einer Dekade der extremen Optimierungsbestrebungen die Literatur auf ihre Selbstbestimmung als Anwältin des Schönen, Wahren, Guten zurückgreift, ist schwer vorstellbar. Insbesondere die neuen Kunstmedien Film und Radio, aber auch die journalistischen Medien haben in Personen, Themen und Formen ihre Spuren hinterlassen: Vor allem die narrativen Mittel werden durch etliche Synthesebildungen, aber auch genuine Neutöner optimiert. Mit dem Montageeinsatz diskursiver Fertigteile aus Alltagssprache, Reklame, Kino etc. kommt man dem Alltagsanspruch nach, aber auch durch die Suche nach kühlem, rationalem Abstand, der sich aus der polyperspektivischen Präsentation ergeben kann. Dieser rationale Aspekt zeigt aber nur die eine Seite von Erkenntnis, Verhalten oder literarischer Darstellung, wenn man den Selbstanspruch beim Wort nimmt, den Siegfried Kracauer ironisch beschreibt: „Die Dichter kennen kaum einen höheren Ehrgeiz, als zu berichten; die Reproduktion des Beobachteten ist Trumpf."[166] Es wird sich zeigen, dass die behandelten Romane zwar teilweise dies tun, aber auch ganz andere Aspekte aufweisen, die zeigen, dass neusachliche Darstellung vielschichtig ist – und dass sie ihrerseits der Optimierung verpflichtet ist, wenn sie nicht nur größtmöglich nützliche, technikaffine Schreibmittel entwickelt, sondern wenn sie diese noch in der Nutzung von sentimentalen Klischees kalkulierend einsetzt. Zu unterscheiden sind die Romanästhetiken um 1930 von den im engeren Sinne neusachlich-naturalistischen um 1925, insofern sie im Kampf um die Ressource Aufmerksamkeit mehr leisten: Sie färben mit emotionalen, amourösen, auch politisch-kritischen Probleme ihre Erzählstilistik wie auch Perspektivgebung und erweitern dadurch narrative Darstellungsmöglichkeiten.

Im Nebenaspekt ist hier auch der Epochentitel der *Neuen Sachlichkeit* zu fundieren – der viel zitierte „Kult der Kälte" oder der dokumentarische Gestus der Literatur sind unter Aspekten der Selbstobjektivierung, Entfremdung und eines versklavenden Arbeitstaktes unter stark beschleunigtem Tempo zu lesen.[167] Gustav Hartlaub machte als Ausstellungskurator

166 Siegfried Kracauer: *Die Angestellten*, S. 15.
167 Helmuth Lethen 1970 und 1995.

in der Mannheimer Kunsthalle 1925 den Begriff der Neuen Sachlichkeit für die postexpressionistischen Exponate populär, gab damit einen wirkungsmächtigen Epochentitel mit bestimmten Spezifika, der von der Bauhaus-Ästhetik flankiert, aber auch in einer neuen empirischen, progressiv orientierten Literatur erkennbar wurde. Es wird damit Abschied genommen von jenem überkommenen Pathos, das in den Ersten Weltkrieg mündete, das man nun mit allem rückständigen Denken, welches nicht auf optimistische Neukonstruktion der Welt gerichtet war, in Verbindung brachte. Allerdings lag die Formulierung längst in der Luft – und zwar schon vor dem Ersten Weltkrieg, als nämlich Alfred Döblin das (Vor-)Kriegsgelärme der Futuristen auf die Nerven ging und er stattdessen einen kühlen, „steinernen" Stil und Hinwendung zur „Sachlichkeit" forderte.[168] Anfang der 1920er Jahre kursierte bereits die Einsicht, dass man zu „Wirklichkeit" und „Einfachheit" zurückkehren müsse, und von Lion Feuchtwanger sind die Begriffe „sachlich" und „neue Sachlichkeit" bereits 1922 überliefert.[169]

Die vielbeachteten Fotografien August Sanders sind oft in diesem Zusammenhang angeführt worden, insofern sie auf dokumentarische Weise eine sozialstatistische Aussagefunktion wahrnehmen wollten: Bevölkerungsgruppen werden durch einzelne Darsteller repräsentiert in der Absicht, „in ehrlicher Weise die Wahrheit [zu] sagen über unser Zeitalter und Menschen", und dies dezidiert gegen alle „überzuckerte Photographie mit Mätzchen, Posen und Effekten."[170] Auch wenn damit ein empirischer Anspruch reklamiert und tatsächlich auch das Geschönte herausgelassen wird, produziert allein schon die Präsentation mitsamt der Zuschreibung von Titeln an einzelne Figuren bzw. Gestalten jene Typisierungen, die in ihrer normbildenden Kraft über jedes neutrale Belegwesen hinausreichen. Eine bebilderte Soziologie zu „schreiben ohne Schrift" (wie wiederum Döblin anmerkte[171]) ist auch nicht ganz ohne Voreinstellung möglich, sondern bringt jenseits der Neutralität, die Sander für sich in Anspruch nahm, selbst schon Konstruktionen mit sich.

Um reinen empirischen Verismus oder Naturalismus geht es in dieser theatralisierten Form von Fotografie also nicht, und in der Literatur stellt

---

168 Döblin: *Futuristische Worttechnik*, S. 115.

169 Hinweise von Sabina Becker 1995, S. 14.

170 Sein Epochenwerk *Menschen des 20. Jahrhunderts* stellte Sander zunächst im November 1927 im Kölner Kunstverein vor und publizierte es unter dem Titel *Antlitz der Zeit. 60 Fotos deutscher Menschen*. München 1929; hier: Geleitwort von August Sander, in: August Sander: Menschen des 20. Jahrhunderts. Portraitphotographien 1892–1952. München 1994, hier S. 10.

171 Döblin: Einleitung zu *Antlitz der Zeit*.

sich das Problem ähnlich: Auch hier geben die zeichenhaften Übersetzungen der Wirklichkeit Grenzen vor. Als Zielsetzung um 1925 mag gelten, eine auf die äußere Empirie der Dinge zielende „Präzisionsästhetik" einzusetzen, die der genauen journalistischen Beobachtung verpflichtet ist und gegen die traditionelle Fabulierlust und den eleganten Erzählbogen eine neutrale, gestisch zeigende Schreibweise nutzt.[172] Sie kommt aber hier schon nicht um den „minus-x-Faktor" herum, wie ihn schon Arno Holz für den Naturalismus als die mediale Bedingung von Wiedergabe und die subjektive Auffassung der künstlerischen Sicht benannte. Und um 1930 wird wiederum deutlich, wie der präzise Blick dann durch den genauen Einbezug von Bewusstseinsvorgängen bzw. Innenblicken ergänzt wird. Technische Medien sind nicht nur wichtige Objekte, sondern kommen auch formprägend vor allem fürs Erzählen zum Zuge. Der Grat zwischen Technikbeschreibung und Technikkult ist schmal – eine „Ästhetik des laufenden Bandes" hat Béla Balázs empfohlen, und mit mehr oder weniger Zuneigung haben sich auf solche Formfragen auch viele AutorInnen bezogen.[173]

Auch dies trägt dazu bei, Mimesis des gefeierten, akzelerierten Lebens zu betreiben als Oberflächengenuss des Erlebnisses. Ebenso wird aber nüchterne, kühle Präzision der Darstellung propagiert, die sich (etwa mit Strategien des Kameraauges oder der variablen Perspektive sowie Polyphonie) an den neuesten Medien Film und Radio orientieren wollte. In seinem Essay über den *Standort des Erzählers im zeitgenössischen Roman* hat Adorno die moderne Varianz der Vermittlerfigur und deren Abstand vom erzählten Geschehen als ästhetische Distanz kommentiert: „Diese war im traditionellen Roman unverrückbar. Jetzt variiert sie wie Kameraeinstellungen des Films: bald wird der Leser draußen gelassen, bald durch den Kommentar auf die Bühne, hinter die Kulissen, in den Maschinenraum geleitet."[174] Damit ist neusachlich-präzise benannt, wie es sich verhält mit der beweglichen Position nicht nur des Erzählens, sondern auch des Lesers.

Verbunden mit Konsum-, Kleidungs- und überhaupt Lebensstilfragen zeigte sich, dass dann insbesondere im Roman „Momente der Strömung von Massenkultur, Kulturtheorien, Medien und Haltungen absorbiert und verformt" wurden.[175] Dem entspricht eine zwischen

---

172 Becker 1995, S. 12 und dies. 2002, S. 76 ff.; dort insgesamt eher mit Blicken auf Stilistik und Schreibweisen, weniger Phänomene der Massenkultur.

173 Béla Balázs: *Sachlichkeit und Sozialismus*, zit. nach Becker 1995, S. 18.

174 Theodor W. Adorno: *Standort des Erzählers im zeitgenössischen Roman*, S. 46.

175 Helmuth Lethen 1995, S. 376.

Affirmation und Kritik pendelnde Haltung zur Profitsteigerung, zu Konsumstreben, zu Mode- und Markenartikeln und insgesamt kompetitiver Wettbewerbsorientierung, die dem Habitus der Figuren eingezeichnet ist und sich im Sinne einer modernen Demokratie versteht. Wenn technischer Fortschritt, Akzeleration des Lebenstempos und Nervenüberreizung inhaltliche Probleme der Literatur seit 1900 sind, werden diese mit aktuellen Aspekten der 1920er Jahre im neusachlichen Roman aufgeladen – dazu gehören sozialpolitische Fragen von privaten und gesellschaftlichen ökonomischen Krisen ebenso wie Probleme der neuen Angestelltenkultur.[176]

Neben diesen klaren, aktuellen politischen Themen ist es aber eine bestimmte Haltung der überschauenden Freiheit von Bewertungen, der Flexibilität durch Verneinung fester Eigenschaften und einhergehend gelegentlich Depersonalisation, wie sie auch bei so verschiedenen Autoren wie Robert Musil und Ernst Jünger deutlich wird. Musils über den Dingen schwebende Ulrich-Figur enthält sich jeder Festlegung, und Ernst Jünger entwickelt eine Haltung des ästhetizistischen Abstands, der *désinvolture* gegenüber Dingen und Erfahrungen, die vielleicht auch der Wucht der Kriegserfahrungen geschuldet ist.

Angesichts einer überbordenden Vielfalt differenter Schreib- und Lebenshaltungen wäre es aber ein Missverständnis, *Neue Sachlichkeit* als nur rationales Prinzip zu verstehen. Vielmehr hat Siegfried Kracauer auch auf die Effektsucht und den äußerst sentimentalen, klischierten Oberflächenglanz hingewiesen: „Nur einen Schritt in die Tiefe, und man weilt mitten in der üppigsten Sentimentalität. Das aber ist das Kennzeichen der neuen Sachlichkeit überhaupt, daß sie eine Fassade ist, die nichts verbirgt, daß sie sich nicht der Tiefe abringt, sondern sie vortäuscht."[177] Die neuen Kinopaläste werden als „Prunk der Oberfläche" bezeichnet, wenn sich dort ein „Gesamtkunstwerk der Effekte" erleben lässt.[178] Zumindest für die Zeit nach 1928 ist dann mit Blick auf die Gefühlswelt der Romanfiguren zu zeigen, dass auf dem Revers der rationalen Forderungen des allgemeinen Lebens die subjektiven Erlebnisbereiche oft auffällig anders, nämlich überladen von Emotionen verfasst sind – und so kommen sie auch in den Romanen zur Darstellung neben allen empirischen Datenaufnahmen. Die glänzenden Oberflächen, auf denen das Leben stattfindet wie auf durchgehenden Tanzflächen einer gewaltigen Drehbühne,

176 Vgl. Sabina Becker 1995, S. 16 f.

177 Siegfried Kracauer: *Die Angestellten*, S. 96.

178 Siegfried Kracauer: *Kult der Zerstreuung. Über die Berliner Lichtspielhäuser.* In: *Ornament der Masse. Essays* 2021, S. 311–317, hier S. 312.

lassen sich wiederum rückvermitteln zu den impressionistischen Wahrnehmungsdaten der Neurophysiologie um 1900, mit denen das Sehen als eine Ansammlung von Nervenreizen konzipiert wird, die im Sinne der Helmholtzschen Sehphysiologie im arbiträren, sogar kreativen Verhältnis zu den Dingen stehen.

Also wird diese Studie in mehreren Hinsichten weit über die Thematisierung von Selbstoptimierung hinausgehen. Denn es soll auch analysiert werden, wie sich die Erzähl- bzw. Schreibtechniken ändern. Dies gilt für die Figuren selbst, die ihren Lebensalltag in Listen und bestimmten Formen registrieren. Ebenso sollen Erzählweisen auf Ebene von Stilistik und Syntax sowie Narration (Listentechnik, Polyphonie, Polyperspektive) beobachtet werden, die als formale Niederschläge des Effizienzdispositivs einzuordnen sind und die Ästhetik der *Neuen Sachlichkeit* prägen. Insgesamt ist damit zu verdeutlichen: Selbstoptimierung wirkt durch gesellschaftliche Diskurse auf das Subjekt und auf Literatur – diese stellt aber durch die Schreibweisen auch Mittel her, um den Kreislauf zu thematisieren und ihn dadurch zu verstärken oder ihn zu kritisieren. Insofern hat auch das Literatursystem an der Selbstoptimierung teil, und zwar in dreifacher Weise. Erstens ganz äußerlich, was die Karriere von AutorInfiguren betrifft, die mit bestimmten Strategien am Betriebssystem partizipieren und sich in einem durchaus aussichtsreichen Wettbewerb etablieren. Dafür ist es zweitens aber auch nötig, durch hybride Erzählformen für maximale Verbreitung der Texte, insbesondere Romane zu sorgen – Optimierungen des Erzählens selbst also zu ermöglichen, die sich an den medialen Verbreitungsformen des Kinos, des Radios oder auch visionärer Sende- und Empfangsmedien orientieren. Das Rezept einer hybriden Textur, die traditionelle und progressive bis avantgardistische Schreibweisen miteinander verknüpft, ist für den Kontext der 1920er Jahre benannt worden,[179] so auch, wenn es darum geht, bei Vicki Baum „die (ökonomischen) Rahmenbedingungen künstlerischer Produktivität sowie die Umrisse einer eigenen Poetik zwischen Intermedialität, Selbstzitat, Ironie, faktualem und autobiografischem Erzählen“[180] auszuleuchten. Polyphonie, Polyperspektive und ein extrem breit veranlagtes Sprechregister tragen ferner dazu bei, das Spektrum an Darstellungsformen zu erweitern, und weithin ist die Einsicht zu erkennen, dass überhaupt nur die vielfache Perspektive und die Erweiterung des Sprechens mit entsprechender Stilistik eine Annäherung

179 Nicole Nottelmann: *Strategien des Erfolgs* (2002), in Bezug auf *Menschen im Hotel* (auch mit Hinweis auf den ironischen Schreibgestus) bes. S. 140 ff.; Gustav Frank/Stefan Scherer 2016.

180 Julia Bertschik: *Theme for Ballet* (2022), S. 63.

an die Wirklichkeit ermöglicht, die doch nie ganz zu erreichen ist.[181] Drittens haben auch die genannten Romane etwas wenigstens indirekt Ratgeberhaftes und bringen damit das Lesepublikum ins Spiel – sie geben in der Mehrheit der Figuren Exempel für krisenhafte, erfolglose Lebensgestaltung, seltener sind es Erfolge, die narrativ gestaltet werden. All dies, so ist an Romanen Irmgard Keuns, Erich Kästners und Vicki Baums zu zeigen, spielt aus dem Literatursystem einerseits dem neusachlichen Diskurs zu, andererseits soll deutlich gemacht werden, wie dieser von soziologischen oder ökonomischen Rede- und Wissensformen beeinflusst worden ist.

181 So auch die Grundeinsicht Ulrichs im *Mann ohne Eigenschaften*, wenn er sich vom linearen Erzählen dem Ansatz des Essayismus als „Lebenslehre" der fragmentarisch bleibenden, vieldimensionalen Ansichten zuwendet (S. 254); vgl. Tönsing 2021, S. 250–267.

Schlager und Schreibmaschinen. Die weiblichen Pikaros in Irmgard Keuns *Gilgi* und *Das kunstseidene Mädchen*

Standortgewinn und Selbstbehauptung auf dem Arbeitsmarkt oder in populären Lebenskulturen, Aufstiegswünsche und Selbstdisziplin, Genuss, Selbstbuchhaltung und ordentliche, effiziente, emanzipierte Lebensführung – all dies sind auch hier die dominanten Themen, die mit den Hauptfiguren Doris und Gilgi, beide zunächst Angestellte bzw. Stenotypistinnen in Kölner Büros, entwickelt werden. Auch sie bemühen sich, dem beengten und unsicheren Angestelltenleben zu entkommen. Beide mäandern durch die prosaischen Verhältnisse des Lebens, um dort noch eine Poesie des Herzens ausfindig zu machen. Mit ihren Anpassungskünsten und listenreichen Reden und Handlungen sind sie aber auch Medien der Gesellschaftskritik – während Gilgi als „kleiner Tannhäuser in der Westentasche" (G 146) bezeichnet wird und sich zwischen den Widersprüchen des Lebens mit spielerischen, sprachsensiblen Wendungen bewegt, ist ihre Nachfolgefigur Doris, das *Kunstseidene Mädchen*, ein noch ausgeprägterer Pikaro, eine Tricksterfigur, der allerdings am Ende ebenso wie Gilgi die Verhältnisse aus den Händen gleiten.

„Mensch, was machst du mit deinem Leben?"[182] *Gilgi – eine von uns*

Gilgis Lebensführung bleibt im Keunschen Debütroman von 1931 eine „Spekulation à la baisse" (G 258) ohne übertriebene Ambitionen – in Adoptivverhältnissen aufgewachsen und als Stenotypistin tätig müht sie sich um einen bescheidenen Aufstieg, ist dabei weit weniger ambitioniert als ihre hochmögende Nachfolgerin Doris, setzt aber deutlich stärker noch auf Eigenaktivität, Lebens- und Körpergestaltung durch Disziplin sowie soziales Engagement in ihrem Umfeld.[183]

---

182 Zitate nach der Ausgabe *Gilgi – eine von uns*. Berlin: Ullstein 2023, hier S. 48.

183 Diesen Unterschied fundiert *Stone* (2024), die die Bemühungen Gilgis um Selbstoptimierungen als Arbeitsstrategie und Selbsttechnik sensu Foucault darstellt, und zwar hinsichtlich des Körpers und des äußeren Erscheinungsbildes sowie der mentalen Verfassung.

Mit ersten Hinweisen auf Attribute der Girl-Kultur wird die Titelfigur eingangs vorgestellt: „Sie hat es fest in der Hand, ihr kleines Leben, das Mädchen Gilgi. Gilgi nennt sie sich, Gisela heißt sie. Zu schlanken Beinen und kinderschmalen Hüften, zu winzigen Modekäppchen, die auf dem äußersten Ende des Kopfes geheimnisvollen Halt finden, paßt ein Name mit zwei i.“ (G 5)

Der Gedanke an die Gestaltbarkeit des Lebens, wodurch das halbwegs komfortable sich Einrichten in einem Normalanspruch ermöglicht wird, hat Vorrang vor allzu ehrgeizigen, unrealistischen Zielen – so ist in diesem Roman die Selbstoptimierung eher als Gleichgewicht in einem akzeptablen Niveau gehalten, anders als bei den extravaganten Anwandlungen des *Kunstseidenen Mädchens*. Dazu gehört, „daß ich mich freue, wenn alles so ordentlich und geregelt in meinem Leben ist“; es sei nämlich „schön, sein Leben wie eine sauber gelöste Rechenaufgabe vor sich zu haben!“ (G 71) Dazu gehören die Buchführungen en detail: „Gilgi schreibt in ein kleines Notizbuch Einnahmen – Ausgaben. Ordnung muß sein. Besonders in Geldsachen.“ Das unterscheidet sie von ihrer Freundin Olga, denn die habe „kein System und kein Einteilungsvermögen“ (G 55).

Gilgi bekennt sich zur Ordnung des Lebens, die schließlich eine sozial orientierte mit Caritas-Blick sein wird, und betont durchweg mehr dessen Balance als das über sich Hinausgelangen – ihre Ambitionen auf Milieuwechsel sind einigermaßen verhalten und vorsichtig ausgeprägt. Eigentlich ist sie recht zufrieden mit dem „allgemeine[n] Durchschnitt“, an dem sie teilhat, ihre Veränderungsansprüche („Man wird es noch weiter bringen“, G 21) bleiben moderat, und das Phantasma von Weltreisen nach Kairo und Luxor, Spitzbergen, Mallorca, das Olga entwirft, beeindruckt sie nicht sonderlich (G 27, 69). Allerdings ist sie *Neue Frau* genug, um auch ihren Liebesneigungen ohne feste Verpflichtung nachzugehen – und sie wird dies erfahren als eine antiökonomische, nicht mehr durchrechenbare Welt, die Kosten und neue Rechnungen erzeugen wird, denn „die glücklichen Stunden sind teuer“, weil dafür immer schnell „die Rechnung präsentiert“ wird (G 129). Mit diesen Kompromissen wirke Gilgi „wie das personifizierte neusachliche Lebensgefühl“,[184] wenn sie weder einem Lottogewinn noch einem Filmengagement hinterherjagt, denn: „Sie glaubt nur an das, was sie schafft und erwirbt“ (G 15). Dahinter steckt ebenso ein Kontrollwunsch wie auch ein Gedanke an den Mittelwert, wenn ihr Charakter als pragmatische Synthesebildung aus mehreren Frauentypen angelegt ist: Es ist unwahrscheinlicher und bedrohlicher, nach oben oder unten Ausreißer zu produzieren, als sich mit kleineren Amplituden nur

184 Rosenstein 1995, S. 279.

leicht nach oben zu verschieben – Katastrophen sind in diesem Modell, denkt man an die massenhaften Unglückslebensläufe in der späten Weimarer Republik, dann weniger zu fürchten.

Bereits die Physiognomieschilderung der Angestellten, mit denen Gilgi in der Bahn zur Arbeit fährt, liest sich wie eine Illustration für Kracauers Studie: „Müde Gesichter, verdrossene Gesichter. Alle sehen einander ähnlich. Gleichheit des Tagesablaufs und der Empfindungen hat ihnen den Serienstempel aufgedrückt. Jemand zugestiegen – sonst noch jemand ohne Fahrschein?“ (G 13 f.) Auch die abrupte Einblendung der Kontrolleurstimme macht die Parataxen der Bedrückung nicht lebendiger – die Passagiere werden als genormtes Publikum, als serielle Zuschauer beim Fahrtprozess des eigenen Lebens im „Gleichmaß der Tage“ (G 15) inszeniert.

Die öde Zyklik ihres Arbeitslebens wird nicht nur benannt, sondern im repetitiven Satzrhythmus bzw. in Anaphern auch nachgeahmt: „Tag für Tag ins Geschäft. Ein Tag gleicht dem andern. Klingelingling – man steigt aus, man steigt ein. Man fährt. Fährt und fährt. Achtstundentag. Schreibmaschine, Stenogrammblock, Gehaltskürzung, Ultimo – immer dasselbe, immer dasselbe. Gestern, heute, morgen – und in zehn Jahren.“ (G 14) Gilgis Berufshaltung des stenographischen Schreibens spiegelt sich hier in der verknappten Syntax, die an vielen Stellen eingesetzt wird. Zur Beglaubigung wird ein akustisches Warnsignal („Klingelingling“) einbezogen. Das Staccato der Sätze wirkt aber nicht munter, sondern eher kataton; Repetitionen wie „So leben wir, so leben wir, so leben wir alle Tage...“ unterstreichen die stets wiederkehrende und unabwendbar scheinende Tristesse eines gesellschaftsweit maroden Zustandes.[185] Dieser wird denn auch im Feuilletongestus benannt: „Die Zeiten sind schlecht. Keiner ist gern, was er ist. Keiner tut gern, was er tut.“ (G 16)

Die allgemeine Entfremdungsdiagnose wird mit knappen Sentenzen ihrerseits formuliert wie in Nachrichtenzeilen, und Beobachtungen wie diese durchziehen den Roman in hoher Frequenz: „Sorgen. Jeder ist unzufrieden, jeder stöhnt. Trauriges Land, wo man mit jedem Atemzug Pessimismus schluckt.“ (G 98) Immer wieder werden die Miseren der einzelnen Figuren ausgemalt, wobei das Schicksal der Familie Hans und Hertha sowie ihrer beiden kleinen Kinder mit dem Suizid den tragischen Höhepunkt bedeutet, den Gilgi bei allem Einsatz aber letztlich aufgrund ihrer Unachtsamkeit nicht verhindern kann. Es ist die Pauperisierung weiter

185 G 40; Vereinseitigung wird auch als eine „aus der Rationalisierung des Bürobetriebs sich ergebenden Gefahren einseitiger Arbeitsweise im engsten Pflichtenkreise“ bei Kracauer benannt (*Die Angestellten*, S. 39).

Bevölkerungsteile um 1930, die hier beklagt wird und in der sich alle hoffnungsvollen Arbeitsmarktversprechungen getäuscht sehen; Unterbezahlung von Frauen ist dabei ein bekanntes Problem.[186]

Um auf dem Arbeitsmarkt mit ihren Fähigkeiten als Schreibmaschinistin, Stenographin und Kontoristin zu bestehen, strebt sie darüber hinaus Fremdsprachenkenntnisse an, die sie bemerkenswert rasch erlangt.[187] Wie Kittler angemerkt hat, war das Monopol der Schrift auf serielle Datenverarbeitung historisch ein Vorrecht der Männer, was sich nun einschneidend ändert, wenn die Schreibmaschine sich ihren Markt erobert und ab 1881 die Gruppe Arbeit suchender Frauen entdeckt.[188] Das unternehmerisch interessante Argument war der gehörige Produktionsschub durch Zeitersparnis beim Schreiben – 120 Anschläge pro Minute gelten bald als Anfängerniveau, 600 als artistisch, dazwischen liegt ein bürotauglicher Anforderungswert, der mit den handschriftlichen Fähigkeiten der Stenographie ausgemittelt werden konnte.[189] Schreibkräfte wie Gilgi, die die „Tasten fliegen“ lassen (G 120) und das „Diskursmaschinengewehr“[190] Schreibmaschine zivil-ökonomisch einsetzen, bilden nicht nur eine neue relevante Bevölkerungsgruppe, sondern das Personal eines neuen Romansubgenres, was der ebenfalls sehr erfolgreiche, 1930 veröffentlichte Roman *Schicksale hinter Schreibmaschinen* von Christa Anita

---

186 Vgl Brigitte Kassel 1993; Hilke Veth 1995, S. 461.

187 Gilgi nimmt – auch hierin dem Trainingsprinzip zur Chancenverbesserung verpflichtet, das sich bei Großmann findet – Unterricht in Englisch, Französisch und Spanisch (worin sie übungshalber auch Geschäftsbriefe schreibt), sodass auch ihr Chef Reuter, der ihr Avancen macht, sie als „strebsames Mädchen“ loben muss, wenn sie vor seinen Nachstellungen in das Sprachlernen flüchtet (G 19). Die Werbe-Aufforderung der Berlitz school wird mitzitiert: „Lernt fremde Sprachen!“ (G 20 f.), und flugs wird die Maxime der Chancenabsicherung eingeflochten: „Wenn man drei fremde Sprachen perfekt kann, ist man gegen Stellungslosigkeit wohl so ziemlich gesichert.“ (G 22)

188 Vgl. Friedrich Kittler: *Grammophon Film Typewriter*, S. 286.

189 Kittler: *Grammophon Film Typewriter*, S. 275. Kittler zitiert Otto Burghagen, der die Zeitvorteile gegenüber der Handschrift ausführt – die Maschine schafft das „in dem dritten Teil der Zeit, die ein Federschreiber dazu braucht, denn mit jedem Tastendruck liefert die Maschine einen fertigen Buchstaben, während die Feder durchschnittlich 5 Striche zu ziehen hat, um einen Buchstaben zu schreiben“ (Kittler ebd., S. 284).

190 Friedrich Kittler: *Grammophon Film Typewriter*, S. 26 und 283 – dies nicht nur auf das klangliche Ereignis bezogen, sondern auch auf die Herstellung der Schreibmaschinen, denn diese übertrugen das Prinzip der normierten Einzelteilzusammensetzung seit den Napoleonischen Kriegen auf zivile Schreibgeräte (ebd., S. 275).

Brück repräsentiert. Wenn hier der Arbeitsalltag von Büroangestellten und Kontoristinnen in Lebenserzählungen geformt und ein Muster des Identitätsverlusts und der Rollenkämpfe ausfindig gemacht wird, spielt Irmgard Keun darauf spöttisch an, wenn von einer „Beleidigungstragödie à la ‚Schicksale hinter Schreibmaschinen‘“ die Rede ist, womit die dort behandelten Mobbingvorfälle und Ellenbogenkämpfe gemeint sind (G 101). Muße jedenfalls ist es nicht, die die Maschine schafft – vielmehr bewirkt sie das Gegenteil mit sozialen und ästhetischen Folgen, wie dies ein Leserbrief, der Stimmen von Schreibmaschinistinnen gesammelt hat und am 26. Mai 1929 in der *Frankfurter Zeitung* abgedruckt wird, zeigt:

> „Wenn wir Stenotypistinnen wenig, manche gar nichts lesen, wissen Sie warum? Weil wir abends viel zu müde und abgehetzt sind, weil wir das Klappern der Schreibmaschine, das wir acht Stunden lang hören müssen, noch den ganzen Abend über in den Ohren haben, weil noch stundenlang jedes Wort, das wir hören oder lesen, sich uns in seine Buchstaben zerlegt. Deshalb können wir unsere Abende nicht anders verbringen, als daß wir ins Kino oder mit unserem unvermeidlichen Freund spazieren gehen.“[191]

Der Passus ist für das Freizeitverhalten ebenso aufschlussreich wie für die Liebesgewohnheiten, er zeigt aber auch, wie in der Berufstätigkeit die Wahrnehmung verfremdet wird – denn die Zerlegung von Wörtern in Buchstaben wird in Form von Typografie und Prosodie immer wieder im *Gilgi*-Roman angesprochen („feste harte Buchstaben – weißes Papier, schwarzes Gekringel, weißes Papier“; G 251).

Die Schreibmaschine ist als Übertragungsmedium alles andere als gedankenneutral, sie greift vielmehr ins Denken ein,[192] aber auch in die Wahrnehmung von Sprache. Der unübersehbare Stolz Gilgis auf eigene kleine Besitztümer wie die Erika-Schreibmaschine oder das Grammophon (G 21) soll eben nicht nur Technikaffinität beweisen (Schreibmaschineschreiben hat als Fingerfertigkeit das Klavierspielen der Bürgertöchter weitgehend ersetzt), sondern die Maschine schafft auch Aufstiegsmöglichkeiten.[193] Entsprechend wird das Arbeitsgerät ebenfalls minutiös und Anteil nehmend beschrieben: „Beinahe liebevoll holt sie ihren Stenogrammblock

---

191 Zit. bei Friedrich Kittler: *Grammophon Film Typewriter*, S. 259. Drastischer sind die Darstellungen in Anita Brücks *Schicksale hinter Schreibmaschinen*, vgl. etwa S. 11, dort zudem diverse sexuelle Nachstellungen.

192 Darüber hat Nietzsche denkwürdige Erfahrungen notiert und seine Beobachtungen in dem Satz zusammengefasst: „Das Schreibwerkzeug arbeitet mit an unseren Gedanken.“ (Nietzsche, Brief an Köselitz Ende Feb. 1882, III. Abt., 1. Bd., S. 172).

193 Liane Schüller (2005) hat ausführlich gezeigt, wie die Schreibmaschine Aufstiegsinstrument und Kontrollorgan zugleich geworden ist.

aus der Schublade. Streift die Wachstuchhülle von der Maschine, bürstet die Typen sauber und spannt ein neues Farbband ein. Neues Farbband ist jedes Mal eine kleine Freude." (G 65) Solche freundschaftlichen, ja amourösen Rituale helfen bei der Arbeit – denn die Maschine ist unabdingbar im Büro und verschafft auch Zugang zu einer lukrativen Nebenarbeit, nämlich dem Aufschreiben der Kriegsmemoiren des alten Herrn Mahrenholz, wo Gilgi sich als „flotte Maschinenschreiberin" betätigt (G 82). Die Geräusche gelangen ins Druckbild: „Tick – tick – tick" (G 99) bildet die Monotonie des langweiligen Memoirenschreibens nach; „Tick – tick – rrrrrrrr ..." (G 82) liefert die Zeilenschaltung onomatopoetisch mit.

Die fleißige Zerlegung von Worteinheiten in Buchstaben an der Tastatur schafft, wenn sie erzählerisch ausgenutzt wird, sprachliche Bewusstheit – auch insgesamt ist Gilgi lautsensibel, so etwa verzichtet sie bewusst auf den Kölner Dialekt zugunsten des Hochdeutschen. Und dann wird die Prosodie auf die Semantik passend zurückgelenkt: „Arbeit. Ein hartes Wort. Gilgi liebt es um seiner Härte willen" (G 13).

Eine ausführliche Reflexion von Phonetik und Semantik findet sich, als Gilgis Liebesaffäre von einer Seitenfigur reflektiert wird: „Is alles menschlisch", so sagt Frau Boß, die eine Vorliebe für den Frikativlaut „Sch" hat, mit folgendem Effekt: „Diesmal bekennt sie sich nicht nur zum phonetischen Reiz, sondern auch zum Inhalt des Satzes. Man muß nicht so sein, is alles menschlisch. So kann es vorkommen, daß die ethische Entschlußkraft durch Vorliebe für Zischlaute beeinflußt wird." (G 120) Die phonologische Bewusstheit zeigt auch eine allgemeine Vorgangssensibilität, die sich dann wieder in der Auflistung von Zeit- und Geldposten niederschlagen kann – so werden aus analytischen Zerlegungen neue Abläufe, die verbesserte Wege weisen können.

Das Ideal des flexiblen Menschen, von Richard Sennett auf das neoliberale Ende des 20. Jahrhunderts bezogen und in einem entfesselten Arbeitsmarkt mit hohem Anpassungsdruck beschrieben,[194] wird hier schon durch die drohende Arbeitslosigkeit und Marktlage erzwungen, ohne allerdings mit „Flexibilität" bezeichnet zu werden. Gilgi jedenfalls kann sich vorstellen, auch in Paris ein Modeatelier aufzumachen, „und außer Ehe, Filmschauspielerin und Schönheitskönigin zieht sie jede Existenzmöglichkeit in Betracht." (G 22) Darin liegen die Alternativen, um dem immergleichen Rhythmus ihrer Schreibexerzitien – „Gilgi schreibt. Schreibt, liest,

194 Richard Sennett 1998. Brüche – mittlerweile als „disruption" in das Alltagsvokabular gelangt – werden vielmehr in der Aktivierung von kurzzeitig-spontanen und instantanen (Selbst-)Darstellungselementen billigend in Kauf genommen und im neuen Ideal des „flexiblen Menschen" sogar gefordert.

streicht durch, schreibt“ (G 23) – zu entkommen. Diese Mechanismen werden sich auch erhalten, wenn Gilgi auf Arbeitssuche gehen muss, weil sie ihren Dienst als Stenotypistin quittiert hat.

Selbstermahnungen ob der verschwendeten Zeit tauchen vielfach auf, beklagt wird „sinnlos verschwendete Zeit“ (G 13), auch solche, die sie noch bei den Eltern verbringt (G 33). Mehrere Figuren gibt es in diesem Roman auch, die sich der Lebensökonomie entziehen – der heruntergekommene, aber zufrieden lebende Fabrikantensohn und Sozialist Pit zum Beispiel, der beste Freund Gilgis, dem sie dann jedoch Martin Bruck vorziehen wird. Im Zusammenleben mit Martin, einem Parvenü und Möchtegern-Schriftsteller, dessen Geldquellen nur karg fließen und der seinem Schuldenberg lässig gegenübersteht („der Bummler, der Tagedieb, der Habenichts“, G 75), wird Gilgi immerhin mit den Möglichkeiten der „Angestellten-Bohème“ vertraut, denen gegenüber sie aber skeptisch bleibt.[195]

Sie bildet hierbei den organisierenden, verwalterischen Teil der Partnerschaft, da nur so ihr Leben kontinuierlich weiterlaufen kann: „Man will sein ganzes Leben behalten, mit seiner Freude am Weiterkommen, seiner gut geölten Arbeitsmethode, mit seiner harten Zeiteinteilung, seinem prachtvoll funktionierenden System.“ (G 121) Als Gegenbild dient die Lebensführung Martins, welche Gilgi als ein „weiches, zerflossenes, bedenkenloses Leben“ (G 121) wahrnimmt. Martin wird mit wechselnden Geschlechterattributen bedacht, wenn Gilgi ihn als „vorbildliche Hausfrau“ anredet, als er das Abendessen angerichtet hat (G 101). Insgesamt ist nicht klar, was die Faszination am „Unpersönliche[n] in Martins Liebe“ (G 129) ausmacht, vielleicht gerade sein antiökonomisches, manchmal zärtliches, oft aber unverbindliches Gebaren. Seine gönnerhaften Titulierungen Gilgis als „Mädelchen“, „kleines Fräulein“ oder, mit einer Kolonialphantasie, „Maorimädchen“ (G 141) werden es nicht sein, denn diese werden von Gilgi etwas befremdet wahrgenommen, weil sie die verbalen Dominanzgesten bemerkt.

Bruck ist es, der als der große Unbekannte das Leben Gilgis weithin übernimmt, auch wenn er eine „Betriebsstörung“ (G 106) darstellt, die für Gilgi aber ambivalent ist und durchaus einen Reiz bedeutet („das Schlimmste: diese Störung ist ihr lieber als der ganze Betrieb zusammen“, G 106). Das läuft Gilgis Eigenständigkeitsprinzip völlig zuwider,

---

195 Kracauer fast unter diesen Begriff den neuen Typus der „Mädchen, die in die Großstadt kommen, um Abenteuer zu suchen, und wie Kometen durch die Angestelltenwelt schweifen“ (*Die Angestellten*, S. 72) – allerdings wäre Doris noch eher einem solchen Typus zuzurechnen.

das sie umfassend internalisiert hat („Meine Sachen bring ich allein in Ordnung“, G 116). Auch insistiert sie auf ihren Berufstätigkeiten: „Nein, Martin. Ich muß – es ist – wegen meiner Selbstständigkeit. Ich muß einen Ort zum Arbeiten haben.“ (G 125) Vom Geldverdienst verspricht sie sich Eigenständigkeit, aber auch die Finanzierung eines Urlaubes in Paris und auf Mallorca für Martin. Dazu empfiehlt sie ihm sogar, die Maxime des Buchführens zu übernehmen, wofür er völlig ungeeignet scheint: „Du mußt rechnen lernen, Martin, du mußt dir angewöhnen, Einnahmen und Ausgaben aufzuschreiben“, so ihr Appell, und kauft ihm zu diesem Zweck ein kleines Heft, das sie am Schreibtisch aufhängt (G 127). Dies verhält sich allerdings diametral zu Martins Lebensauffassung, der „dieses verfluchte Land“ mit seiner materiellen Orientierung („Geld, Geld, Geld – immer vom Geld und Geldverdienen reden“, G 136) als feindliche Umwelt begreift und in generalisierender Manier „diese trostlosen Uhrwerksmenschen“ (G 136) verachtet. Gerne würde sie „vernünftig“ mit ihm reden, „über Geld, über Sparen, über praktische Dinge“, auch, um einen schnurgeraden und planbaren Lebensweg zu sehen „wie eine glatte, blanke Bahn“ (G 132). Aber die betriebliche Haushaltsführung bleibt ihre Domäne, sie berechnet die laufenden Kosten und Einnahmen, kümmert sich um ihren Arbeitsnachweis ebenso wie um eine neue Stelle. Und das Rechenwesen bleibt ein wichtiger Formulierungsgeber für zwischenmenschliche Dinge; so lautet etwa Gilgis geheimer Rat an Reuter: „steck kein Gefühlskapital in ein aussichtsloses Unternehmen.“ (G 26)

Zur Wahrung der Chancen gehören auch Sport und Kosmetik – wenngleich weniger prominent als in anderen Zeitromanen, wird doch deren gesellschaftliche und individuelle Bedeutung knapp skizziert, wenn die Rede ist von „moderner Sportjugend, Autofahren, kurzen Kleidern, kurzen Haaren und Jazzmusik“ (G 102). Und als Fitnessgarant ist Bewegung für Gilgi wichtig. Mit Turnen bringt sie sich gelegentlich in Schwung, verbindet dies mit Produktivität und Arbeitsbereitschaft und wendet sich gegen weniger sportive Gestalten: „Faules Pack! Aufreizend zum Klassenhaß. Leute, die nicht arbeiten und so idiotisch, albern, verschlafen durch die Tage trotten, kann Gilgi nicht leiden.“ (G 64) Pünktlich um halb sieben, dem winterkalten Zimmer trotzend, beginnt sie den Tag mit Rumpfbeugen, wobei die Fingerspitzen den Boden berühren und die Knie gestreckt bleiben müssen, „auf – nieder, auf – nieder“ (G 5). Mit eiskaltem Wasser wird der morgendliche Körper erfrischt, um „die mageren Schultern, den „kleinen konvexen Bauch, die dünnen, muskelharten Glieder“ (G 6) zu straffen. Bei solchen Übungen dient das Mitzählen der Disziplinierung: „Sie preßt die Lippen zu einem schmalen, festen Strich zusammen“, der ein Buchhalterstrich sein könnte, welcher schon auf die Tagesbilanz hinweist, „und zählt in Gedanken bis dreißig“ (G 6). Lesende sind dazu veranlasst, mitzuzählen: „Eins – zwei – drei – vier. Nicht so schnell zählen. Langsam, ganz langsam: fünfzehn – sechszehn – siebzehn.“ (G 6) All das bereitet – Gustav Großmann hätte es nicht deutlicher vorgeben können – darauf vor, sich den Marschbefehl zu erteilen: „Tagesplan einhalten. Nicht abweichen vom System. Nicht schlapp machen. In der kleinsten Kleinigkeit nicht.“ (G 6). Dagegen ist eine Beschreibung gesetzt, die Gilgi von ihrer leiblichen Mutter gibt, wenn sie sie mit Missfallen in den typologischen Augenschein nimmt:

> „Gefällt mir nicht. Einzureihen. Typ: Titelheldin einer mittelmäßigen Magazinnovelle. Ganz gute Figur – bisschen unentschlossen in der Linie – halb kühl fesches Americangirl, halb mager getanzte ältere Gigolo-Mäzenin. Um eine Nuance zu teuer gekleidet – üblich geschmackvolle, aber unintime Standarduniform einer Erster-Klasse-Reisenden.“ (G 228)

So sind die Klischees, die Gilgi dann zur Einordnung bemüht, wenn es um die Abgrenzung der eigenen Ranganspruche geht.

Kosmetik ergänzt, ja dominiert für Gilgi die Sportübungen, sie bilden einen wiederkehrenden Bestandteil der weiblichen Selbstpoetik: „Gepflegt ist mehr als hübsch – es ist eignes Verdienst“ (G 7) heißt es programmatisch.[196] Hilfsmittel sind Kosmetika, Puder, Schminke und Rouge, Birkenwasser, Niveacreme zum Einglänzen der Augenbrauen (eine von vielen Markenplatzierungen auch in diesem Roman; G 41). Hier schwankt die Haltung Gilgis zwischen Autonomie und Heteronomie, Selbstpoetik und Gemachtwerden. Das zeigt auch die Fremderfahrung vorm Spiegel, die im übrigen Foucaults Beschreibung des Spiegelblicks als Eröffnung eines anderen, potenziellen Standortes gleicht, von dem aus der Fremdblick auf das in den Spiegel blickende Selbst geworfen wird: „Das, was ich im Spiegel seh‘, hat ein andrer aus mir gemacht, ich kann nicht stolz darauf sein.“[197] Insofern bleibt das Wahrgenommenwerden wichtiger Teil des Selbstbildes, das dem Wunsch, eigenaktiv zu handeln, immer an der Seite steht und auch die Wahrnehmung prägt, und insofern die Ich-Erzählerin der autodiegetische Angelpunkt der Wahrnehmung ist, greift hier die Beobachtung Fleigs, dass das Gesehenwerden nicht nur Motiv ist, sondern auch das Erzählverfahren prägt.[198]

Und solche Außenperspektiven wirken sich dann wieder im Druck eines Normalismus aus, der einerseits negativ spürbar wird, andererseits sich als lebenserhaltendes Gerüst dargestellt. Als Gilgi aus der Kölner

---

196 Zur Anlage und Funktion des Körperdesigns im *Gilgi*-Roman vgl. Schüller 2015.

197 G 134 f.; vgl. Foucault: *Andere Räume*, S. 39.

198 Fleig: *Das Tagebuch als Glanz* (2005), S. 58.

Doppelkatastrophe mit Hans' Familie und Martin nach Berlin flüchtet, assoziiert sie ihr neues Lebensprogramm:

> „... vor der Lokomotive liegt 'ne kleine, gelbe Apfelsine... Eine winzige Freude zuckt auf – Sekundenblitz: man wird wieder dazugehören – eingereiht sein in Pflicht und mechanischem Räderwerk – man wird wieder geschützt sein im Zwang erarbeiteter Tage, in dem gewollten Gesetz eigenen Schaffens – vor der Lokomotive liegt 'ne ... ah, man wird wieder dazugehören. Man gehört ja in das Allgemeingefüge, man ist nicht geschaffen, außen zu stehn – man glaubt nun mal zutiefst an die Verpflichtung junger, gesunder Hände..." (G 261)

Auch wenn die Räderwerkmetapher in Verbindung mit „Pflicht" und „Zwang" auf der Stilebene in die Richtung des Weberschen „stählernen Gehäuses" weist, wird dies doch in eine Gewohnheitsmaschinerie umgedeutet, der man angehören möchte. Dafür aber ist die Internalisierung der gegebenen ökonomischen Handlungsstrukturen ein notwendiges Mittel, das, so die lapidare Einsicht, „nun mal" geboten ist.

All das entspricht Gilgis pragmatischer Art und ihrer Fähigkeit zur Selbstkontrolle.[199] Dabei ist sie bei weitem nicht nur geschäftsmäßig, sondern durchaus sozial orientiert – wie sie auch Pit vorhält, die Frage nach dem einzelnen Menschen sei wichtiger als die Masse Mensch und Prinzipien der Dialektik (G 221). Als der Jugendfreund Hans klingelt und Bohnerwachs verkaufen will und die finanzielle Not seiner jungen Familie offenbart, zeigt sich Gilgi hilfsbereit bis aufs Äußerste – allerdings scheitert der Rettungsversuch trotz großen Bemühens tragisch daran, dass sie im Alkoholrausch vergisst, zeitig die für Hans' Familie aufgetriebenen Geldmittel auch auszuhändigen. Familiensuizid ist die verzweifelte Folge, an der Gilgi zerbricht – was sie ebenso wie ihre ungewollte Schwangerschaft ins Berliner Exil treiben wird.

Obwohl also Gilgi sehr empathiefähig ist und Solidarität lebt, bleibt immer wieder der Impuls wach, sich gegen die Konkurrenz durchzusetzen: „Gilgi beißt sich auf die Lippen. Sie muß sehen, wie sie weiterkommt – jeder für sich, wo käme man hin, wenn man allen weiblichen Mitleidsregungen nachgeben wollte?" (G 83 f.) Es folgen hin- und herschießende Gedanken, die die Chancengleichheit abwägen und dabei auf grundlegende Probleme stoßen, wenn Gilgi über die ausgestochene Konkurrentin nachdenkt: „Die hat ja die gleiche Chance gehabt. So? Hat sie? Mit dem krunkligen, alten Gesicht, der latschigen Haltung, mit den matten, blicklosen Augen und den häßlichen Kleidern??? Wer nimmt die denn noch? Die hat ihr Leben verpfuscht, früher wenigstens hat sie doch mal die gleiche Chance gehabt. Oder etwa nicht?" (G 84) In der Wechselrede

199 Vgl. Swiderski 2010, S. 189.

von Erzähler- und Figurenstimme Gilgis werden damit physiognomische Determinanten angedeutet, die den Begriff der Chancengleichheit als Konstrukt erscheinen lassen, das tatsächlich den Zufällen unterworfen bleibt.

Die Veränderungsbereitschaft Gilgis spiegelt sich wiederum in der dynamischen, flexiblen Nutzung von Erzählstrategien. Es finden sich Montagen der erwartbaren Markennamen, manchmal Songtitel oder -zeilen. Aus dem von Vater Kron gelesenen *Kölner Stadtanzeiger* werden die Kolumnentitel mit Erzählstimme und Figurengedanken zusammengeschnitten (G 11). Figuren-, Erzähler- und Bewusstseinsrede wechseln oft auf engstem Raum, werden sehr variabel eingesetzt und fordern einen sprungbereiten, flexiblen Leser, der die grenzüberschreitende Rede mitvollzieht, wie das folgende Beispiel (als eines für viele) zeigt: „‚schlafen wirst du.‘ Er trägt sie aufs Bett, streift ihr das Kleid ab, zieht ihr die Schuhe aus – die Strümpfe – ach, kein Mann auf der Welt kann so sanft und gut und zärtlich sein… und nichts mehr denken, gar nichts mehr denken – keine Hemmung mehr, keinen Widerstand – sich fallen lassen, tief, tief versinken im Ungewissen“ (G 138).

Diese bewegliche Perspektive entspricht auch der Vielstimmigkeit, die wechselnd oder gar nicht moderiert ist. Die Krons sprechen Kölnischen Dialekt, Vater Kron „teils aus Lokalpatriotismus, teils aus Geschäftsinteresse“ (G 11); Doris' dialektfreies Hochdeutsch ist auch ihrem Wunsch nach theatertauglichem, gesellschaftsfähigem Sprechen geschuldet (wenngleich sie ihre Schriftsprache nicht mehr kultiviert). Vom Grammophon schluchzt es „Wenn du mal in Hawaii bist“ (G 25), und so wie es sich für Gilgi darstellt – „Man denkt in Schlagern, fühlt im Schlagerrhythmus, taucht darin unter – tam-tam-tam-ta – Schlager: Flucht von und zu“ (G 79) –, soll damit auch an das Gehör des Lesepublikums appelliert werden. Sodann wird immer wieder gestisch-rhythmische Rede eingesetzt: „Schluff – schluff – schluff“ und „tapp – tapp – tapp“ (G 39) heißt es, und mimetisierend gestaltet sind auch einige Sehprotokolle, die Bewusstseinseinsprengsel, Kommentierungen und Zitatmontagen enthalten (z.B. beim Protokoll der Wohnzimmerausstattung im Haus von Gilgis Adoptiveltern; G 8). Insgesamt bietet der Roman ein großes Sprechregister zwischen Alltagssprache, Jargon, saloppem Hochdeutsch oder „verquastem Bürodeutsch“,[200] das die Diversität der Lebenswelt adäquat abbilden soll.

Gerade der Wechsel von externer und interner Fokalisierung ist ein durchgängiges Erzählprinzip, wobei auch die Redeposition Gilgis wechselt

200 Vgl. Rosenstein 1995, S. 282.

zwischen Selbstmoderation und unmittelbarem Bewusstseinsstrom („Ich muß morgen mal zum Arzt gehen – morgen oder übermorgen oder – ob das stimmt – das Märchen von Tahiti... Gilgi schließt die Augen, das hat sie nie getan – früher“[201]). Und im Bemühen, möglichst viele Positionen einzufangen – wiederum ist an Vertovs Kinoglaz zu denken –, lässt sich hier ein verstärktes Streben nach Optimierung des Erzählens erkennen, das sich bereits wie selbstverständlich im Erzählfluss niedergeschlagen hat und nicht mehr artifiziell wirkt.

Was die Rezeption des Romans angeht, waren die Echos weder von links noch von rechts begeistert. So wird im *Vorwärts* bezweifelt, dass Gilgi überhaupt zu Arbeit in der Lage sei;[202] ein dem Nationalsozialismus nahestehender Autor verwahrt sich gegen die „gemeinen Anwürfe gegen die deutsche Frau“ im *Gilgi*-Roman,[203] oder Bernard Brentano sieht in seiner Kritik für die KPD-nahe *Linkskurve* manches, letztlich aber vor allem eine affirmative Tendenz des Romans: „Solche Romane werden sich ausbreiten. Durchaus vom Film bestimmt, zu dem sie wieder zurückkehren, ersetzen sie einer gewissen Gruppe von Lesern das Leben, das ihnen der Kapitalismus stiehlt. Ihre Rolle ist die billiger Narkotica.“[204] Die Zeitschrift *Der Weg der Frau* begann im Januar 1933 eine Reportage, die der fiktionalen Gilgi eine wirkliche arbeitslose Stenotypistin gegenüberstellte.[205] Der 1889 gegründete und 1933 aufgelöste *Verband der weiblichen Handels- und Büroangestellten* (VWA), als Ratgeber, Stellenvermittler oder allgemeiner Unterstützer eine wichtige Institution, kritisierte Keuns Roman wegen seiner „mangelnden individuellen Aufopferungsbereitschaft und der ungeschminkten Darstellung der Bürorealität“ – immerhin ein denkbar klares Zeugnis für seine Authentizität.[206]

An *Gilgi* zeigt sich erneut, dass die Serie ein Produktionsprinzip ist, das Werkstücke und Industrieproduktion ebenso betrifft wie die

201 G 168 – solche Passagen lassen sich häufig antreffen, ausführlich noch z.B. G 197 f., in der längsten Variante G 212–214, S. 224 f. und G 244.

202 Emma Langhans: *Eine von uns? Wir diskutieren über Gilgi.* In: Vorwärts, 25. Oktober 1932, so auch eine Diskussionsreihe über *Gilgi* im Vorwärts im Okt. 1932; zu den Rezensionen vgl. Swiderski 2010, hier S. 193.

203 Kurt Herwarth Ball: *Kosmos Flam.* In: Hammer. Blätter für deutschen Sinn 31 (1932), S. 252 gegen den „Negativismus“; vgl. Swiderski 2010, S. 192.

204 Bernard Brentano: *Keine von uns. Ein Wort an die Leser des Vorwärts.* In: Die Linkskurve 4 (1932), S. 27–28, hier S. 27 f.; vgl. Swiderski 2010, S. 194.

205 Vgl. Rosenstein 1995, S. 277.

206 Zit. nach Kristine von Soden/Maruta Schmidt: *Neue Frauen. Die zwanziger Jahre* (1988), S. 29.

Erscheinungsform von Kunstprodukten, z.B. Literatur. Wenn 1931 die große Debatte in der *Frankfurter Zeitung* über die Frage „Wie erklären sich große Bucherfolge" ihrerseits als Serie abgedruckt wird, bildet die serielle Erscheinung selbst schon ein Erfolgsgeheimnis ab: Das Thema wird dadurch ins regelmäßige Gespräch gehoben und ist anschlussfähig, hat größere Aussicht auf Streuung, stellt den Reiz dar, Teil eines Ganzen zu werden – und letztlich werden damit auch Publikumsreaktionen einbeziehbar, sodass Glaubwürdigkeit und Interaktivität hier bevorzugt hervortreten. Ebenso werden intermediale Anschlusspotenziale damit angeboten, und der Roman hat dann auch eine unmittelbare Mediengeschichte nach sich gezogen, wenn bereits 1932 eine deutsche Filmversion von *Gilgi* passend zum Ort der Handlung im Kölner Capitol Theater uraufgeführt wird. Die Suche nach Aufmerksamkeit und der Kampf um diese knappe Ressource[207] ist unter Bedingungen der populären Medien ebenso wie der Werbung bereits in den 1920er Jahren eine leitende Größe geworden.

Ein Fortsetzungsroman? *Das kunstseidene Mädchen*

Ebenfalls ein Bestseller, kann der Roman von 1932,[208] dessen Diegesis sich mit Gegenwartssinn vom Spätsommer 1931 bis zum Frühjahr 1932 erstreckt, wenigstens als indirekte Fortsetzung von *Gilgi* gelesen werden: Wenn Gilgi nach der Katastrophe in Köln nach Berlin aufbricht, macht nun die achtzehnjährige Büroschreibkraft Doris eine Parallelbewegung in etwas verschobener Handlung. Sie geht ebenfalls von Köln nach Berlin, es gibt einen drangsalierenden Chef (hier nicht der Textilunternehmer Reuter, sondern ein übergriffiger Rechtsanwalt), der sie sexuell angeht („Aber wenn ein Mann wild wird, dann gibt es keine Entschuldigung – man kennt das", KM 9). Doris flüchtet mehr oder weniger aus der mittelgroßen Industriestadt Köln nach Berlin, um dort das Weltstadtleben kennenzulernen, aber auch wegen Diskriminierungserfahrungen aus gehobenen bürgerlichen Kreisen gegen die „kleine Frau" – und weil sie mit einem Pelzdiebstahl auffällig geworden ist. Die Anknüpfungspunkte sind gegeben, ein Serienprinzip ist damit angedeutet, aber nach kurzem

---

207 Als Kulturthema ist der Kampf um die „Ressource Aufmerksamkeit" spätestens mit dem Heft 148 des *Kunstforum international* (1999) virulent geworden, hier vorrangig als Streben nach Geltung im Kunstbereich unter neuen medialen Bedingungen behandelt, danach aber (sozial-)psychologisch auf breiter Front anschlussfähig gemacht.

208 Zitatangaben beziehen sich auf: *Das kunstseidene Mädchen*. Berlin: Ullstein 2023.

Skandalbeginn wechselt Doris schnell die Rolle: Sie gehört dann auch nicht mehr zur Angestellten-Bohème, sondern arbeitet sich als Herrenbegleiterin durch und nimmt die *Flapper*-Attitüde an,[209] die nun ihr Leben der nächsten Monate prägen wird. Nicht von ungefähr vergleicht sie sich eingangs mit dem amerikanischen Filmidol Colleen Moore, die hier mit Klarnamen als Typus des Flapper-Girls adressiert und von Doris zum Role model auserkoren wird. Dem spürt sie nun nach, um „ein Glanz zu werden", wie das Epochenmotto lautet.

Der Aufstieg ist freilich sehr ungewiss, in Doris' Alter verfügt man über Bildung oder nicht, das Schul- bzw. Fortbildungssystem gewährt keine weiterbildenden Alternativen: „Kommt denn unsereins durch Arbeit weiter, wo ich keine Bildung habe und keine fremden Sprachen außer olala und keine höhere Schule und nichts. Und kein Verstehen um ausländische Gelder und Wissen von Opern und alles, was zugehört" (KM 181). Während sich Gilgi in Privatinitiative weitergebildet hat, lehnt Doris einen solchen Karriereentwurf rundweg ab und greift lieber sofort nach den Sternen („und immer tippen Akten und Akten, ganz langweilig ohne inneres Wollen und gar kein Risiko von Gewinnen und Verlieren."; KM 181). Was Gilgi noch anstrebte, ist für sie außer Reichweite, und das muss kompensiert werden: „Vater unser, mach mir noch mit einem Wunder eine feine Bildung – das übrige kann ich ja selber machen mit Schminke." (KM 202 f.) Über die Oberflächennachahmung kann man sich scheinbar einfacher in die Karrierespur bringen:

> „Und ich sehe aus wie Colleen Moore, wenn sie Dauerwellen hätte und die Nase mehr schick ein bißchen nach oben. Und wenn ich später lese, ist alles wie Kino – ich sehe mich in Bildern. Und jetzt sitze ich in meinem Zimmer im Nachthemd, das mir über meine anerkannte Schulter gerutscht ist, und alles ist erstklassig an mir – nur mein linkes Bein ist dicker als mein rechtes." (KM 8)

Die Filmwelt ist also von Beginn an das prestigeträchtige Ziel, wofür das Theater eine Vorstufe darstellt – ambitioniert angekündigt: „Es hat sich Einschneidendes begeben, denn ich bin jetzt Künstlerin" (KM 29) lautet Doris' Proklamation, mit der sie sich in Szene setzt. Beim Casting (KM 42) ist es ihr gelungen, eine Ein-Satz-Rolle zu ergattern, sie fühlt sich als Teil der Kunstwelt, in deren Hierarchien sie sich aus dem Nichts wenigstens kurze Bühnenpräsenz bei einer Aufführung des *Wallenstein* sichert, um hier auch von Ellenbogenstrategien und Wettbewerb schon auf der untersten Ebene zu berichten. Sich „auffällig" machen ist wichtig (KM 32), alles kommt darauf an, „auf dem Zettel zu stehen" (KM 35). Sehen avanciert dabei zur erstrangigen Sinneswahrnehmung, und wenn

209 Vgl. Weyand 2013, S. 182.

bereits die anfängliche Büroszene zu Beginn mit einem Blick à la Marlene Dietrich eröffnet wird, weist dies doppelt auf das Streben nach dem mantrahaft angesprochen „Glanz“ hin, auf den es Doris abgesehen hat: „Ich will eine werden. Ich will so ein Glanz werden, der oben ist. Mit weißem Auto und Badewasser, das nach Parfüm riecht, und alles wie Paris. Und die Leute achten mich hoch, weil ich ein Glanz bin“ (KM 45). Immer wieder wird Zwischenbilanz gezogen („Ich bin jetzt fast schon ein Glanz“, KM 53) und das Leitmotiv bis zur Absurdität strapaziert: „Wenn ich ein Glanz bin, werde ich sie mit beglänzen und einen Seitenglanz von mir aus ihr machen.“ (KM 59). Am Ende wird es schwierig mit dem Glänzen (KM 213), und es wird resignativ fraglich, ob dies überhaupt noch das Ziel sein kann (KM 217 f.).

Auch Doris geht ökonomisch durchs Leben, Ausgaben- und Einnahmenberechnungen werden immer wieder angestellt (KM 27 f.), und ihr Lebenszyklus bildet den makroökonomischen ab, wenn das Leben als „ständiges Hin und Her zwischen Erfolg und Mißerfolg, ein gespanntes Warten auf den nächsten Tag, ein ständiger Wechsel von guter Laune und Depression“ (KM 189) beschrieben wird. Und so gibt es auch schon früh skeptische Stellungnahmen, wenn Doris über eine Bekannte berichtet: „Aber sie kriegt keine Rollen, und es geht auf der Börse ungerecht zu.“ (KM 67 f.) Die Signale des Scheiterns sind hier in verknappter Form in das Erfolgsstreben eingewoben. Doris’ Zeitrechnungen zielen denn auch auf ganze drei Glücksminuten am Tag: „Und ein Tag hat 24 Stunden, und die Hälfte davon ist Nacht, bleibt: 12. Und 12 Stunden sind Minuten 12 mal 60 = 720 Minuten, und drei Minuten Gutsein zieh ich ab, und 717 Minuten böser allgemeiner Mensch bleibt. Das muß man doch wissen, wenn man nicht kaputt gemacht werden will“ (KM 148) – so lautet das Resultat ihrer Berechnungen, mit denen sie Enttäuschungen vorbeugen will.

In Berlin wächst Doris rasch in die Consumer-Rolle hinein und scheint damit auch die Fordistischen Kaufkraft-Träume zu erfüllen – jedenfalls lenkt sie ihr weniges Geld, das sie für ihren Begleitservice von Männern erhält, in Markenobjekte, die optisch oder symbolisch etwas hermachen. Dieser Versuch, wenigstens eine bescheidene Machtstellung durch Konsumkraft zu erlangen, entspricht einer breiten Tendenz der Werbung und der Industrieproduktion in den 1920er Jahren, die auf weiblichen Geschmack und Bedarf zielte. Er rechnet sich für Doris auch eine Weile, verkehrt sich schließlich aber wieder ins Scheitern – anders als für Lorelei Fee, die Hauptprotagonistin mit dem sprechenden Namen in Anita Loos’ *Gentlemen prefer blondes* (1925), für die die Teilhabe am Konsum meistens den nächsten Schritt nach oben bedeutet.[210] Autonomie bedeutet dies beileibe nicht, sondern das Gegenteil – Doris ist permanent bemüht, sich den Modemaßstäben und den Männerwünschen anzugleichen und erhebt in diesem Sinne die Normentsprechung zum Prinzip.[211] Hierin ist sie radikaler angepasst als Gilgi (die vergleichsweise stärker an Selbstbestimmung interessiert ist), und unter diesen Vorzeichen sind die Emanzipationsstrategien und Karrieregedanken zu lesen. Immer wieder flammen die Hoffnungen auf, wie einer Zwischenbilanz zu entnehmen ist:

> „vielleicht werde ich eine Kanone beim Film, denn Alexander umwirft mich mit Toiletten und findet mich furchtbar talentvoll, ich fahre mit einem Mercedes, und sogar meine Fußnägel sind gelackt, und ich bilde mich geistig und sage manchmal ‚c'est ça olala' […] ich habe einen Büstenhalter, der hat 11 Mark gekostet, und ein Paar Schuhe, die Modelle sind aus echt Straußenleder." (KM 123)

Als Beleg für den zwischenzeitigen sozialen Aufstieg schildert Doris das Ambiente (KM 124 f.), in welchem sie sich als Herrenbegleiterin bewegt.

Die notorischen Spiegelblicke erweisen reizvolle, aber heteronom gesteuerte und bisweilen zerstörerische Selbstaspekte: „und mein Gesicht wurde mir interessant entfremdet. Und wie ich im Spiegel lachte, war das nur wie ein Schnitt im Gesicht." (KM 51) Die Selbst-Fleischbeschau wird im optischen Richtmaß der modischen Orthopädie vollzogen, in solcher Anspannung, dass es zu Satzbrüchen kommt:

> „Ich zieh mich aus. Ein großer Spiegel. Bin ich das? Jawohl, das bin ich. Mein linkes Bein ist dicker als mein rechtes. Fleisch ist nicht an mir, und meine Haut ist gelb und so schrecklich müde. Wie eine ausgehungerte Ziege. Mein Gesicht ist so klein wie'n normaler Tassenkopf und zerquetscht und am Kinn so'n kleiner Pickel – sowas will ein Glanz werden – so was will – ist ja zum lachen." (KM 158)

Die Passage der Herabwürdigungen reicht noch weiter. Immer wieder werden auch zwischendurch Vermessungen vorgenommen: „Ich habe ein Metermaß gekauft. Wie lang Beine wohl sein müssen?" (KM 169) Körperproportionen werden kalkuliert, aber natürlich auch Gewichtsmaße

---

210 Der rasch populäre Roman der Hollywood-Drehbuchautorin Anita Loos wurde umgehend ins Deutsche übersetzt (*Die Blonde und die Herren. Reisetagebuch einer New Yorker Berufsschönheit*, 1925); vgl. Ankum 1994, S. 165 f.; der Film nimmt einen vergleichbar günstigen Verlauf für Lorelei Fee, während Doris am Ende des Romans dem Glanz abschwört, so wie insgesamt Keuns Roman als Dekonstruktion von Loos' ziemlich naivem Emanzipationsmodell gelesen wird (ebd., S. 167).

211 Vgl. Ankum 1994, S. 166.

(„Fünf Pfund zugenommen. Langsam erstehen wieder meine Reize"; KM 176).

Zur erweiterten Sicht gehört dann, dass damit der männliche Blick zurückgewonnen werden kann, wenn Doris den Gewinn einer Außensicht von sich selber beschreibt: „ich wollte mich selber sehen von außen und nicht wie ein Mann sonst mich beschreibt zu mir, was ja doch immer nur halb stimmt." (KM 97) Voraussetzung für diesen Positionsgewinn ist die Maximierung der Effekte ihres Auftretens, die filmisch (z.B. mit Lichtgebung) von der Ich-Erzählerin inszeniert werden.[212] Nachhaltig wirksamer werden dann aber Rollenspiele und verbal erprobte Positionen, sowohl in der Dialogführung als auch im Selbsterzählen.

Was das Durchprobieren von Rollen betrifft, nimmt Doris noch deutlicher als Gilgi die Position des Pikaro ein:[213] Die kindliche, naive Stimme der Ich-Erzählerin wird hier strategisch zur Darstellung eingesetzt – denn deutlich wird auch, dass meistens eine mitlaufende, augenzwinkernde Bewertungsebene hinzugefügt ist, um damit Redeformationen, Markennamen und Haltungen zu ironisieren. Sie ist schon in der Figurenstimme selbst angelegt, sodass Doris zur Übermittlerin von gesellschaftsskeptischen Blicken wird.[214] Medium ist sie aber (wie an der Bedeutung des Kinos für Doris zu sehen) auch in einem weiteren Sinn, nämlich für kreative Lebensentwürfe, die dem Sprech-, Musik- und Varieté-Theater, Film und Radio mit Klassik, Jazz oder Schlagern wie auch der Heftliteratur entnommen sind – nach den Künsten zu leben, das große ästhetische Projekt 1900, ist nun mit Hilfe populärer und technischer Medien greifbare Wirklichkeit geworden. Sich selbst zur Verkünderin von Erfolgsdingen zu machen, ist dann eine weitere Optimierungsstrategie, und ausgeführt werden muss dies durch ein flexibles Erzählen, das einerseits das Publikum selber blendet durch Präsentation von Alltagserfahrungen im munteren Plauderton, andererseits politisch-kritische Kommentare einbringt.[215]

Kein Wunder, dass auch die Träume cineastisch kommen: „Ich machte mir einen Traum und fuhr in einem Taxi eine hundertstundenlange Stunde hintereinander immerzu – ganz allein und durch lange Berliner Straßen. Da war ich ein Film und eine Wochenschau." (KM 126) Sprachlich und in hochmögenden Phrasen, die die Unterhaltungswelt betreffen, mag der

---

212 Vgl. Stockinger 2009, S. 5.

213 Vgl. Heinrich Detering 1993/94 und Ariane Martin, die von burlesker Komik spricht (2008, S. 367).

214 Claudia Stockinger hat besonders mit Blick auf die Doris-Figur eine radikal interne Fokalisierung festgemacht und auf die Doppelbödigkeit einer „reflektierten Naivität" hingewiesen (2009, S. 4 u.ö.).

215 Vgl. Claudia Stockinger 2009, S. 11.

Aufstieg schon einmal gelungen sein, der mit Grenzverschiebungstropen bzw. Metonymien à la „Ich bin Kino“ (KM 88 oder 92), „Ich bin ein Detektivroman“ (KM 58) oder „ich bin Berlin“ (KM 92), „[ich] bin eine Bühne“ (KM 125)[216] immerhin eine Selbsterlösungsphantasie darstellt, die auch den vollendeten Selbstgenuss und die vollständige Selbstverwirklichung schon andeutet. Aber auch zahlreiche andere Stilmittel zeigen ein übersteigertes, zugleich an der Alltagssprache orientiertes Sprechen einer „forcierten Prosa“, wie etwa Ellipsen oder Satzbrüche (Anakoluthe), Zeugma, Metonymien, Synästhesien, assoziative Bildsprünge, ebenso rhythmisierende Mittel wie Anaphern oder asyndetischer und polysyndetischer Stil.[217]

Damit ist schon angedeutet: In einem wichtigen Punkt macht Doris eine Weiterentwicklung, und darin liegt wohl ihre eigentliche Karriere, zumindest eine Lebenshaltung, die Sicherheit geben kann: Sie schreibt selbst, mit einer konsequent durchgehaltenen internen Fokalisierung und autodiegetischen Anlage ist der Roman formal anders konzipiert als *Gilgi*. Und diese Selbstschrift ist darauf angelegt, sich gegen die engen Büroverhältnissen zu emanzipieren,[218] einen Ausgang zu finden, sich herauszuschreiben mittels einer Form, die am Film teilhat, aber auch an der Diaristik, deren Tradition wiederum durch narrativ-filmische Mittel erneuert werden soll. So heißt es programmatisch in der Romaneröffnung, die auch ganz rasch vom epischen Präteritum ins Präsens wechselt und dort in der Folge meistens verbleibt: „Und ich denke, daß es gut ist, wenn ich alles beschreibe, weil ich ein ungewöhnlicher Mensch bin. Ich denke nicht an Tagebuch – das ist lächerlich für ein Mädchen von achtzehn und auch sonst auf der Höhe. Aber ich will schreiben wie Film, denn so ist mein Leben und wird noch mehr sein.“ (KM 8)

Auch wenn sich Doris vom Tagebuch distanziert, weil es zu schulmäßig sei, wird doch eine tagebuchähnliche, filmisch inspirierte Form gewählt, die mit vielen Konsequenzen an Doris als autodiegetische Instanz und mit interner Fokalisierung gebunden ist; voll mit Szenen, die zu gestalten wären, aber letztlich auf das Seh- und Hörfeld der Erzählerin beschränkt bleiben.[219] Der Zeithinweis auf das Jahr 1931 (KM 10) leitet den tagebuchähnlichen Schreibprozess ein (hierin übrigens Rilkes Eröffnung des *Malte Laurids Brigge* vergleichbar) – entscheidend wird im Sinne der Optimierung, dass der Startpunkt nicht von einem souveränen späteren

216 Vgl. Deupmann 2009, S. 17.
217 Dazu ausführlicher Martin 2008, S. 35.
218 Vgl. Keck 2023, S. 223.
219 Vgl. auch Weyand 2013, S. 179 f.

Standpunkt aus rekapituliert wird, sondern in konsequenter Selbstpoetik ein offener Vorgang mit eigenem Reiz dargestellt wird. Darin wird das Tagebuch übertroffen: Es wird dauernd gewechselt zwischen direktem, dann oft filmisch geprägtem Erlebnisschreibfluss sowie Bericht und Reflexion kurzzeitig zurückliegender Ereignisse.[220]

Die gemischte Faktur des tagebuchähnlichen Stils mit Präsensnotizen, kurzen Retrospektiven, Bewusstseinsstrom wie auch briefähnlichen Passagen erweist sich selbst als künstlich gesponnenes, synthetisches Gebilde im Unterschied etwa zu *Gentlemen prefer blondes* als formal anspruchslos-konventionellem Tagebuchroman. Die mediale, filmische Perspektive wird hier so weit internalisiert, dass sich das selbstreflexive Ich vollständig in die Szenerie versetzt und sich auch in Filmbildern wahrnehmen wird. In dieser Imagination steigert Doris sich noch über das Vorbild hinaus und schreibt sich kosmetische Attribute zu, die an vielen Stellen im Buch erörtert werden.

Wichtiger aber als diese Karrieregedanken sind die erzählerischen Optimierungen, die über den Medienblick hereinkommen. Mit einer geschickten Narrationsgeste wird Doris selbst zum Medium, als nämlich ein blinder Herr namens Brenner sie bittet, für ihn die Seheindrücke der Stadt zu schildern, bevor er in ein Blindenheim kommt (KM 101–111). „Ich habe gesehen" – mit dieser mehrfach gebrauchten Formel werden dann Eindrücke der Großstadtwirklichkeit wiedergegeben in Fließbandbildern, als ob Dziga Vertov sein Kameraauge schwenken würde (KM 101), und verdinglicht wird auch das Sehorgan Doris' („Ich packe meine Augen aus – was sah ich denn noch?" KM 107). Angesprochen ist aber auch die Formel des apokalyptischen Sehens in der Johannes-Offenbarung (KM 101), womit die Passage neben der Euphorie angesichts der diversen Seheindrücke einen heillosen, katastrophischen Unterton bekommt.[221]

Zum filmischen Sehen im *Kunstseidenen Mädchen* ist mehrfach angemerkt worden, dass Doris gerade in der Taxiszene wie ein Kameraauge agiert, die Eindrücke „quasi neutral" registriert und die disparaten Eindrücke fast simultan wiedergibt. Darin zeigt sich insbesondere die Nähe zu Walter Ruttmanns dokumentarischer Berlin-Montage *Sinfonie einer Großstadt* (1927).[222] Wenn Doris mit weit offenen Augen während der Fahrt durch Berlin zum optischen Apparat wird, ist das eine Fahrt durch glänzende, flirrende Sehdaten, die als von ihnen erzeugte Eindrücke

---

220 Vgl. Lutz 2009 und Weyand 2013, S. 180.

221 Deupmann (2009, S. 21) weist auf die Johannes-Offenbarung hin (Off. 20,1; 4, 11 u.ö.).

222 Ariane Martin 2008, S. 365 f.

wiedergegeben werden (KM 127). Dabei werden intensive Erlebnisreize gesucht, und einmal mehr zeigt sich: „Der genaue Gegenschlag gegen die Büromaschine aber ist die farbenprächtige Welt.“[223] Es geht dabei auch um ein Maximum an Registriertätigkeit – und dieses kann dann erreicht werden, wenn persönliche Wertungen oder Reflexionen im Hintergrund bleiben oder gänzlich ausgespart werden. Insofern spielt beim Glanz der Eindrücke auch Geschwindigkeit eine wichtige Rolle zwischen Überwältigungs- und Bewältigungsstrategie, die beim Film ebenfalls ein wichtiges Motiv ist – es geht dabei um Wahrnehmungstraining ebenso wie um Hingabe.

Mit dem ungeregelten Strom der Sehdaten korrespondiert die assoziative Rede, die durch die exzessive Nutzung von Gedankenstrichen getaktet wird wie ein Bewusstseinsstenogramm; sie durchzieht den Roman und gibt ein buchhalterisches Bild der Aufzählung von Dingen, Nervenströmen mit Satzbrüchen oder erzählerischen Kamerafahrten und Assoziationen mit Ellipsen:

> „Ein großes rotes Feuer – ich habe Lust auf so ein Feuer – auf der Schule war Paul – wir haben ein Feuer gemacht in der Laubenkolonie – Kartoffelfeuer – die gebrannten Schalen haben wir gegessen – Paul war der schwarze Bär, der Himmel hatte einen steilen grauen Dunst – wir bauen einen Turm aus einer Flamme – ich war eine Indianische mit einer Hühnerfeder hinter meinen abstehenden Ohren, was sie aber jetzt kaum noch tun. Außerdem sind die Haare darüber. Ich will auf einer krunkligen harten polkigen Erde ein Feuer.“ (KM 137)

Der Stil der freien (wenn auch kompositorisch oft gelenkten) Assoziation gehört längst zum Arsenal der klassisch-modernen Erzählung. Es wird damit Bewusstseinsrede mimetisiert, diese jedoch in unmittelbarer, möglicher Form wiedergegeben und nicht stilisiert oder überhöht, wie dies oft in Joyce’ *Ulysses* (oder etwas abgeschwächt in *Berlin Alexanderplatz*) der Fall ist. Vielmehr bringt sie Abenteuer-, Freizeit und Phantasiebereiche sowie Selbstansichten zusammen, ohne irgendetwas zu verkomplizieren. Darin kann eine differenzierte Antwort auf die neusachliche Forderung nach kühler Darstellung gesehen werden – die Gedanken- und Bilderkette ist eher weitherzig gestreut. Und damit wird die Affinität zu den Speichermedien um 1900 deutlich, die nicht auswahlweise verfahren, sondern eine unlimitierte Datensammlung in Gang setzen, namentlich Grammophon und Filmapparat (jedenfalls wenn ihr Einsatz realistisch orientiert ist).[224]

---

223 Siegfried Kracauer: *Die Angestellten*, S. 97.

224 Dazu Blume: „Das ungeordnet gespeicherte Material veräußerter Gedanken, Gefühle, Erfahrungen, Ängste wird zu einer endlosen Bewegung, die nicht durch Erzählen gebannt werden kann, aus der Erzählung herausfließt.“ (2005, S. 20)

Und so lässt sich auch die Wahrscheinlichkeit und die Glaubwürdigkeit des Erzählens wortwörtlich als *street credibility* erhöhen – durch die oftmalige Wahllosigkeit wird der Text zwar nicht direkt diaristisch, aber der Schreibduktus deutlich in die Nähe des Tagebuchs gerückt, wenn die autodiegetische Ich-Instanz eben erkennbar das Mittel des Spontaneintrags oder der Situations- und Empfindungsstenographie nutzt.[225] Es trifft sich, dass das Schreibmittel empfangsbereit für die Spuren der Schreibhand ist – woraus auch deutlich wird, dass Doris eben keine Schreibmaschine mehr benutzt, sondern die Authentizität durch ihre Graphomotorik beglaubigt: „Ich schreibe, weil meine Hand was tun will und mein Heft mit den weißen Seiten und Linien ein Bereitsein hat, meine Gedanken und mein Müdes aufzunehmen und ein Bett zu sein, in dem meine Buchstaben dann liegen, wodurch wenigstens etwas von mir ein Bett hat.“ (KM 143) Und wenn Doris einmal über die Schreibgeste reflektiert (und das tut sie in einer verzweifelten Situation), dann bezeichnet sie oft die Materialität von Schrift mit, die hier zum Dialogpartner wird.

Der Glanz von Filmwelt und Privatruhm ist eine Sphäre der Kompensation, wo derjenige „Glanz“ gesucht wird,[226] den die glitzernden Oberflächen bieten können, um als „Oberflächenglanz der Stars, der Filme, der Revuen“ zur Projektionsfläche der ansonsten unbefriedigten Publikumswünsche zu werden.[227] Dies wird dann auch auf einer weiteren Sinnebene lesbar, nämlich einer metapoetischen. Wenn die Ambition auf ein glamouröses Leben zunächst doppelt lesbar wird als Konsumwunsch und Ringen nach gesellschaftlicher Anerkennung,[228] lässt sich auch zeigen, wie nicht nur die Motivik und Problemstellungen des Romans auf Oberfläche und Glanz zielen und die Imagination der Ich-Erzählerin füllen, sondern das Thema ebenso die Textur beeinflusst über die Montagetechnik hinaus. Die Generalthese Weyands lautet, dass sich Konsumkultur bzw. die moderne Produktion von Faszination in Verfahrensstrategien des Romans niederschlage, und sie erweist sich als ausgesprochen instruktiv, insofern damit auch allgemein Strategien von Kulturproduktion erkennbar werden.[229] Damit lässt sich zeigen, wie Fetischisierungen oder glänzende Oberflächen

---

225 So auch die Einsicht von Lutz, der gerade in der fehlenden Konstruktion und Sprunghaftigkeit des *Kunstseidenen Mädchens* das Wahrscheinlichkeitskriterium erfüllt sieht, das den Text der (eingangs des Romans von Doris abgelehnten) Tagebuchform annähert (Lutz 2009, S. 29). So rückt der Gebrauch des Präsens auch die „Präsenz“ des Dargestellten in das Leserbewusstsein.

226 Kracauer: *Die Angestellten*, S. 92.

227 Kracauer: *Kult der Zerstreuung*. In: *Ornament der Masse. Essays*, S. 315.

228 Weyand 2013, S. 184.

229 Weyand 2013, S. 172 (u.ö.).

in Romanen und Gesellschaftsprozessen als Kulturprogramm funktionieren. Marken- und Glanzmotive wirken handlungsleitend auf der *histoire*-Ebene und prägen die Perspektive, die die Erzählerin einnimmt. Die „Erinnerungswerte", die Reklameslogans nach der Formulierung des zeitgenössischen Werbefachmanns Alfred Halbert haben sollen, funktionieren aber auch, indem sie die Erzählung grundieren,[230] und es wirkt dann wie ein Trick des Richard Wagnerschen Musikdramas, das Leitmotive als Erinnerungs- wie auch Präsenz- und Ankündigungssignale verwendet und durch ihre Vernetzung die Handlung stützt. Aus der Motivverknüpfung, die um den Glanz der Strumpfhose herum inszeniert wird, lässt sich eine metapoetische Ebene gewinnen, wenn man an der mehrfach zitierten Bemberg-Seide die Ingredienzien dieses synthetischen Produktes berücksichtigt: Grundlage ist nämlich Baumwolle, die in chemischer Lösung zu einem sanften Glänzen veredelt wird – ein synthetisches Verfahren, das zugleich die Faktur des Romans anspricht, der seinerseits Perspektiven, Stimmen und Formen zu einem Hybrid verwebt.[231]

Der kunstseidene Strumpf gehört zu den kleinen, aber erschwinglichen Luxusdingen, der den Glamour-Faktor übertragen kann; erst recht dann der wirklich teure Gegenstand, der zum Objekt der Begierde wird: „So hochelegant bin ich in dem Pelz. Der ist wie ein seltener Mann, der mich schön macht durch Liebe zu mir [...] Er hat den Geruch von Schecks und Deutscher Bank."[232] Luxusgüter unterstützen die Distinktionsbemühungen, und Doris erkennt auch, dass sie jede Nutzfunktion hinter sich lassen müssen. Sie setzt alles daran, sich mit diesen Dingen zu umgeben und sie durch kleinere Liebesdienste zu erhalten. Die Liste dieser Dinge ist lang, sie reicht vom „wunderbaren Motorboot auf dem Rhein mit soundsoviel PS" über den „schicken, neuen Hut und de[n] Mantel mit Fuchs" (KM 14) bis zum fatalen Diebstahlobjekt Pelzmantel. Die neuesten kosmetischen Artikel, wertvolle Gebrauchsgegenstände, Automobile – all dies wird immer wieder auch mit Markennamen verbunden, die für Doris offenbar den Reiz zur Partizipation erhöhen.

---

230 Angeführt bei Weyand 2013, S. 177.

231 Vgl. Weyand 2013, 234 f. Damit kann über die Werbung das Echtheitszertifikat auch an Kunstprodukte vergeben werden, wenn es hauptsächlich darum geht, diesen das Originalitätssiegel zu erteilen (Weyand 2013, S. 193).

232 KM 64; dass die zeitgenössische Mode durchaus zum Prestigekonsum gehörte, ist mit Vicki Baums Essay *Protest gegen die Mode* belegbar: „Die neue Mode ist von verdienenwollenden großen Schneidern für die kleine Kaste der saturierten Frauen erdacht." (Mak, S. 163–165, hier S. 164, Vossische Zeitung 1929).

Dass Mode eine zentrale Rolle nicht nur in beiden Romanen Keuns spielt, sondern ebenso in anderen und sowieso in der Kultur der 1920er Jahre, ist vielfach bemerkt worden[233] – natürlich ist auch darin ein Versuch zu sehen, den Aufstieg zu antizipieren oder ihn im „Kleider-machen-Leute-Gestus" zu erzwingen – „komplett in Garderobe sein" (KM 13) ist dafür unerlässlich. Bemerkenswert im *Kunstseidenen Mädchen* ist, dass das Pelz-Investment eben nicht klappt – der Diebstahl, den Doris (auch noch in den Pelz gekleidet) unternimmt, fliegt auf – dafür ist und bleibt es Kunstseide, etwas Artifizielles, ein Industrieprodukt, die der populäre Glanzstoff schlechthin ist, dem Film-Zelluloid chemisch ähnlich.

Das Erfolgsgeheimnis der doppelt veranlagten Romankonstruktion des *Kunstseidenen Mädchens* lässt sich schließlich als dessen ökonomisches Schreibprinzip zwischen Ratio und Gefühl erkennen, das in einem „Wechselspiel von (neu-)sachlichem Kalkül, das die Liebesbeziehungen einem Prozess der Verdinglichung unterwirft", und damit einhergehend einer „romantischen Leidenschaft, deren Sehnsüchte oftmals dem medial und warenästhetisch geprägten Blick der Protagonistin entspringen."[234] Dies entspricht letztlich auch dem Körperbild der Weimarer Republik, das einerseits den Menschen als Maschine fasste, die man mit leichten Fehlerreparaturen immer wieder auf den Stand bringen kann, und anderseits organisch-seelische Ganzheit suchte.[235]

Die derart organisierende rhetorische Figur des Glanzes attrahiert nicht nur Doris' Wahrnehmung, sondern organisiert auch ihre Karrieregedanken und Handlungen.[236] Ebenso lenkt sie aber ökonomisch die Aufmerksamkeit des Lesers, für den verwandte Figuren der Vortäuschung von Nichtvorhandenem, der Maskierung und begünstigenden Verstellung dort angelagert werden und der dort metonymische und auch metaphorische Verknüpfungen durchführen soll. Dieses Wechselspiel der glitzernden Signifikanten soll dann selbst Faszination an der Spiegelung der Motive ermöglichen – und macht auch durch die endlose Wiederholung der Glanzformel darauf aufmerksam. Dieser diskursive Glanz wiederum korrespondiert dem der Stadtarchitektur, insbesondere der nächtlichen mit dem glänzenden, regennassen Asphalt und den illuminierten Schaufenstern, die zusammen mit der Straßenbeleuchtung und den Lichtreklamen einen

233 Stellvertretend für viele und dann besonders für die 1920er Jahre Julia Bertschiks interdisziplinär angelegte Kulturanthropologie der Mode (2005 bzw. 2015).

234 Weyand 2013, S. 188.

235 Vgl. Michael Hau/Mitchell G. Ash: *Der normale Körper* (2000), S. 12 ff.

236 Weyand 2013, S. 191 ff.

visuellen Teppich bilden. Dieser erhebt sich über die Diskursivierbarkeit und prägt das Faszinosum sinnlicher Anziehungskräfte des Großstadtlebens.[237] Die Stadt erscheint dann selbst als ein gigantisches Lichtspielhaus, dem man sich bewundernd hingeben kann, und die Schreibhand Doris' hält mit dem Erlebnisbericht kaum mit („Ich schreibe in Fieber und mit zitternder Hand […] Lieber Gott, meine Buchstaben zittern auf dem Papier wie sterbende Beine von Mücken"; KM 58). Mit einer wunderschönen Katachrese wird diese Selbstschrift technisch beschrieben, es erscheint Doris dann, als würde ihr Herz ein Grammophon sein, das „aufregend mit spitzer Nadel in meiner Brust" spiele (KM 58). Darin zeigt sich noch ein Versuch, Selbstpoetik als Herzensschrift einzuholen – doch hat sie sich, so eine Generaldiagnose Manfred Schneiders, um 1900 in die Anonymität der schlichten (Sprech-)Handlungsaufzeichnung der Apparate zurückgezogen, und hier wirkt die Metapher des Grammophons entsprechend technisch aufgesetzt.[238]

Sicherlich ist es nicht nur moralinsaurer Umgang mit der Rede vom Glanz, wenn Doris diesen am Romanende als nicht mehr so wichtig bezeichnet. Es entspricht eher einem Metriopathieideal klassischer Prägung, dass die Gefühls- und Erfahrungsextreme nun besser versöhnt werden, und zumindest ein ästhetischer Mehrwert zeichnet sich ab im Zugewinn von Erzählmöglichkeiten, damit auch Wahrnehmungsperspektiven, schließlich Lebensperspektiven, wenn man eben nicht alles blind an die Erreichung des einen großen Zieles setzt.[239] Die Lebensbühne verkleinert sich etwas, nach einigen Enttäuschungen wird sie in der Wahl einer privaten Ebene für Doris interessant: „ich bin was ganz Solides, und jedes Wort eine Liebe für den Mann von meinem Leben" (KM 206). So lautet das Versprechen, mit dem sie nun etwas weniger Wirkungsgrad, dafür aber mehr Zufriedenheit anstrebt, die nach Prüfung vieler Optimierungsversprechen bescheiden ausfällt.

Wenn Kracauer in seiner *Angestellten*-Studie eine Stenotypistin zitiert: „Die Mädels kommen meist aus geringem Milieu und werden vom Glanz angelockt",[240] wird damit eine Zentralmetapher der Suche nach schönen Oberflächen erkennbar, die auch Gilgi und Doris wortwörtlich vorschwebt. Die Opposition von trügerischer Oberfläche und

237 Vgl. Weyand 2013, S. 204 ff., Zitat S. 209. Zu Faszination als Erlebnis und Konzeptgeschichte vgl. Hahnemann/Weyand 2009.

238 Das moderne Subjekt sei ab 1900 nur noch als Datenlieferant bedeutsam, es verschwinde in Statistiken, Stilen und Sprachmaschinen und verberge sich hinter ihnen (vgl. Manfred Schneider: *Die erkaltete Herzensschrift*, 1986).

239 Vgl. Keck 2023, S. 221 f.

240 Siegfried Kracauer: *Die Angestellten*, S. 91 f.

bedeutungstiefer Semantik ist klassizistisch gedacht, hat aber in den 1920er Jahren mit der politisch-philosophischen Kritik von linker und rechter Seite noch einmal Auftrieb bekommen (bevor sie dann im Zeitalter des Wittgensteinschen Sprachspielbegriffs ziemlich obsolet, sogar problematisch-existenziell wirkt). Sie scheint jedenfalls tauglich, Aussagen über Verhältnisse zu machen, und wird in beiden Romanen Keuns aufgebaut, wo dann der glitzernden, täuschenden, blinkenden Oberfläche kein fester Grund mehr gegenübersteht, sich vielmehr tiefgreifende Verunsicherung auftut.

Allerdings sind Gilgi und Doris nicht nur heteronome Opfer ihrer Verhältnisse. Die Möglichkeit reflektiert eingesetzter (Verbal-)Handlungen hebt beide über das Flapper- und auch Girldasein hinaus und lässt, trotz aller auch resignativen Tendenzen, Ansätze von Emanzipation erkennen. In ihren Rollenspielen und bisweilen pikaresken Haltungen werden dann neue Perspektiven gesucht, um Synthesen zu bilden und die traditionellen Gegenüberstellungen hinter sich lassen zu können.[241] Dies ist der rein kritischen Deutung entgegenzuhalten, die behauptet, der Roman zeige vor allem Enttäuschung und Desillusionierung des Amerikanismus – soziale Mobilität wird mit ganz unterschiedlichen, teils probaten, teils untauglichen Mitteln gesucht, dargestellt aber jedenfalls.[242]

241 Frank (2009, S. 41) hat jenseits des Kontrastes von gegenkulturellem Flapper und konventionell funktionierendem Girl von einem dritten Typus gesprochen und in Gilgi und Doris „die erotisch aktive, selbstbestimmte Frau, die ihren Körper und ihre Sexualität als Subjekt frei lebt“, gesehen; entsprechend auch Keck 2023, S. 221 f.

242 So die Position von Ankum 1994, S. 161.

Ein „Fachmann für Planlosigkeit": Erich Kästners *Fabian* als Protest gegen die Optimierung

Es ist der Roman eigentlich weniger eines Moralisten, vielmehr eines Humanisten, des Geisteswissenschaftlers bzw. Germanisten Jakob Fabian, der mit einer Arbeit über Lessing promoviert wurde (und doch selbst radikalpessimistisch ist), sich als Werbetexter verdingt hat und nun arbeitslos wird, trotzdem Geldofferten ablehnt und sich als aufrechter Antikapitalist erweist. Mit diesem Werdegang, der auch auf kein Ziel mehr ausgerichtet, sondern den Zufällen der Zeit verpflichtet ist, ist er eine zeittypische Figur, und es ist zu zeigen, in welchen Verhältnissen er sich mit Möglichkeiten der Selbstoptimierung auseinandersetzt.

Dabei steht er weniger auf der Seite seines dogmatisch und kämpferisch sozialistischen Freundes Labude, hält aber noch größere Distanz gegen rechts und ist ökonomischen Vorgängen gegenüber prinzipiell skeptisch eingestellt. So wird Fabian eine programmatische Ansprache in den Mund gelegt, die ihn als Aussteiger aus den Geld- und Warenkreisläufen zeigt:

> „Wenn ich sage, ich bin kein Kapitalist, dann meine ich: Ich habe kein pekuniäres Organ. Wozu soll ich Geld verdienen? Was soll ich mit dem Geld anfangen? Um satt zu werden, muß man nicht vorwärtskommen. Ob ich Adressen schreibe, Plakate bedichte oder mit Rotkohl handle, ist mir und ist überhaupt gleichgültig. Sind das Aufgaben für einen erwachsenen Menschen? Rotkohl en gros oder en detail, wo steckt der Unterschied? Ich bin kein Kapitalist, wiederhole ich dir! Ich will keine Zinsen, und ich will keinen Mehrwert."
>
> Labude schüttelte den Kopf. „Das ist Indolenz. Wer Geld verdient und es nicht liebt, kann es gegen Macht eintauschen."
>
> „Was fang ich mit der Macht an?" fragte Fabian. „Ich weiß, du siehst sie. Aber was fange ich mit der Macht an, da ich nicht mächtig zu sein wünsche? Machthunger und Geldgier sind Geschwister, aber mit mir sind sie nicht verwandt."[243]

Den abgelehnten Mehrwert schafft Fabian für andere, zum Beispiel für die Zigarettenfirma mit dem Projekt eines Preisausschreibens, das dort viel Geld einbringt, ihm aber ein lächerliches Gehalt abwirft. Die

---

243 F 45; zugrunde gelegt wird hier die von Sven Hanuschek rekonstruierte, wenn auch gelegentlich kritisch diskutierte Urfassung des Romans unter dem Titel *Der Gang vor die Hunde* (1931); Zürich: Atrium 2013.

Passage demonstriert, wie dagegen der Linksaktivist Labude noch dem Geld verpflichtet ist, wenngleich mit anderen Vorzeichen als denen des Gewinnmaximierens. Dagegen ist Fabian dann doch als Moralist zu charakterisieren, denn er prägt erkennbar humanistische Züge aus, teilt noch sein Erbe mit der abtrünnigen Cornelia und wirft sich im Rettungsreflex mit fatalem Ausgang einem Jungen hinterher in den Fluss, obwohl er nicht schwimmen kann.

Der Vorwurf Lethens, Kästners Literatur sei larmoyant und wirkungslos, sei hier stellvertretend für all diejenigen genannt, deren eigentlich berechtigte Hoffnungen auf Kästners Gesellschaftskritik enttäuscht worden sind – der Autor habe lediglich eine „Entpolitisierung der Intellektuellen“[244] bewirkt und sie dann resigniert in die innere Emigration ziehen lassen. Bezeichnend ist auch die Titulierung des Fabian als eine „Karikatur freischwebender Intelligenz“.[245] Denn dieses entscheidungslose Denken im conjunctivus potentialis – Musils Ulrich-Figur, der „Mann ohne Eigenschaften“, könnte als Parallelaktion gelesen werden – mag man als melancholischen Rückzug und Schutzsuche vor Katastrophenerfahrungen lesen und als Effekt des Ausgestoßenseins, des persönlichen Depraviertseins,[246] doch wird dadurch gerade das Lesepublikum in Abwägungsfreiheit gesetzt. Das war möglicherweise 1930 nicht die *ultima ratio* – in unmittelbarer Reaktion auf einen Gedichtband von Kästner hatte bereits Walter Benjamin den selbstzufriedenen Negativismus, das Geschmäcklerische und die Umwandlung konflikthafter Gegenstände „in einen Gegenstand des Vergnügens“ benannt, dies verwandle marktgemäß Kunst „aus einem Produktionsmittel in einen Konsumartikel – das ist der letzte Schlager dieser Literatur“.[247] So wird das letztlich Harmlose der Kästnerschen Lyrik beklagt und die allzu schnell und humoristisch versöhnte Spannung zwischen Berufs- und Privatleben kritisiert,[248] und es wird der Vorwurf des Unterhaltsamen erhoben wegen der „Umsetzung revolutionärer Reflexe, soweit sie am Bürgertum auftraten, in Gegenstände der Zerstreuung, des Amüsements, die sich dem Konsum zuführen ließen.“[249] Diesen Gedanken auf den *Fabian* zu übertragen wäre allerdings unzureichend – man würde

244 Helmuth Lethen: *Neue Sachlichkeit*, S. 155 (Zitat) bzw. Vgl. S. 150 f.
245 Helmuth Lethen: *Neue Sachlichkeit*, S. 143.
246 So etwa Delabar (1996) S. 17 und S. 21 – hier wird unterschieden zwischen dem Benjaminschen Melancholiker, der sich selber absentiert und daraus noch eine Beobachterposition gewinnt, andererseits Kästners Motiv des weggedrängten Außenseiters ohne Handlungsspielraum gesehen.
247 Walter Benjamin: *Linke Melancholie*, GS III S. 279–283, hier S. 281.
248 Benjamin: *Linke Melancholie*, GS III, S. 283.
249 Benjamin: *Linke Melancholie*, GS III, S. 281.

in einer solchen Position Literatur und ihre Figuren allzu wörtlich nehmen und von ihnen selbst schon den eindeutigen Standpunkt, das klare Engagement einfordern. Es könnte aber genau die Strategie Kästners sein, eben nicht die direkte Botschaft zu senden, sondern das Lesepublikum abwägen und im ästhetischen Nachvollzug seine Urteile finden zu lassen.

Auch wenn der Roman selbst also letztlich ohne erkennbaren positiven Änderungswillen oder wohlfeiles Identifikationsangebot geblieben ist, kann man doch Kästner eines nicht vorwerfen: dass er in seinen Figuren, Sentenzen und Bildern undeutlich und ohne kritischen Standpunkt gewesen wäre. Daraus leitet sich ein Vorzug des Erzählens gerade in der desillusionierten und resignierten, bisweilen auch anästhesierten, aber jedenfalls freien Sicht Fabians ab (F 189), die eben nicht in vorschnell formulierte Handlungsalternativen mündet. Diese bleiben in der Tat schwebend – mit schlechtem Ausgang für Fabian, dessen Urteil ihn getrügt hat, mit Vorteilen aber für Lesende, die dadurch möglichst viele Aspekte erfassen und offene Denkräume betreten können.

Dem Enttäuschungsargument ist weiterhin entgegenzuhalten, dass Kästner mit dem *Fabian* dezidiert in wirtschaftspolitische Begrifflichkeiten und Debatten eingreift und sich in diesem Horizont wiederum Kommentare zur Optimierung finden lassen. Delianidou weist in ihrer Lektüre des Textes als Wirtschaftsroman darauf hin, dass, auch wenn Fabian letztlich scheitert, er anders als Labude auf der sozialen Dimension und der Notwendigkeit des wirtschaftlichen Handelns besteht.[250] So lässt sich zeigen, wie dieser Roman „Krisenfelder der Mikro- und Makroökonomie wahrnimmt und poetisch überformt“[251] und insgesamt als prominentes Beispiel engagierter Literatur einzuschätzen ist. Dafür spricht in der Tat vieles, auch wenn eine identifikatorische Schlussfigur fehlt – was aber besagten Grund hat, der Leserschaft die Entscheidungen und Konsequenzen zuzusprechen.

Welche Kritikbereiche werden nun im Roman aufgemacht? Deutlich wird zum Beispiel, wie Konkurrenzkämpfe aus Kollegen oder Mitmenschen Neider oder Feinde machen, sei es Weckherlin gegenüber Labude oder Fischer gegenüber Fabian, dessen Idee zum Preisausschreiben er übernimmt, ohne sich zu irgendetwas verpflichtet zu fühlen. Ausbeutungsverhältnisse sind auf allen Ebenen zu bemerken, nicht nur beim prekären Akademiker Fabian – und all dies steht in einer realistischen Verbindung zum umkämpften Arbeitsmarkt, der von hoher Arbeitslosigkeit, zwischenzeitlicher Inflation und hart umkämpften Lohnverhältnissen geprägt

250 Silena Delianidou 2018, S. 183–198, hier S. 184.
251 Delianidou 2018, S. 183.

ist. Fließbandarbeit und der Börsencrash 1929 trugen entscheidend dazu bei, die arbeitspolitischen Verhältnisse erodieren zu lassen, eine staatliche Sparpolitik und Steuererhöhungen kamen hinzu, und die Arbeitslosenquote stieg von 14% 1930 auf knapp 30% 1932 in katastrophale Höhen.[252] Dies alles wird auch im *Fabian* angesprochen und vermittelt, sowohl auf Handlungsebene wie auch in Dialogen oder Sentenzen; das Problem der Pauperisierung von Arbeitern ebenso wie die Verelendung von Angestellten wird nachdrücklich gestaltet. Während das Großstadtleben weitgehend aus den Fugen gegangen und es an den politischen Rändern, die sich weit in die Gesellschaft ziehen, extremisiert worden ist, wird hier eine Opposition aufgebaut zum immer noch als ruhig gekennzeichneten Landleben – das allerdings für Fabian in gefühlte Stumpfheit und letztlich in einen Unfalltod mündet.

Auch um reine Ökonomie geht es, wenn ein Ingenieur über Nutzen und Probleme seiner Erfindung spricht, die ihn reich gemacht, aber Arbeitsplätze getilgt hat – in guter Tradition der Maschinenstürmer werden auch Berechnungen für eine Webstuhlanlage angesprochen (F 106). Kurzerhand wird er in dieser schwarz-absurden Szene in einen Schrank gesperrt. Hier wird deutlich, dass die Maschine einen eigenen Systemzwang zur Gewinnmaximierung ausgeprägt hat, was in der surrealen Traumszene in Kap. 14 dargestellt wird, die Fabian durchlebt: Vorgestellt wird dort eine allgewaltige, spiegelhaft glitzernde und vielgestalte Maschine, die mit Bessemerbirnen ihr Produkt auf einen Spiegel entleert, um massenhaft Männer, Frauen und Kinder umzubringen (F 138–146). Hier wird die Verschmelzung von Mensch und Maschine vollzogen und firmenmäßig betitelt: „Mechanische Seelenwanderung, Patent Kollrepp.“ (F 140 f.) Der Maschinenmensch erobert dabei den Körper des neuen Menschen: „Dann schritt er auf den wirklichen Fabian zu, der im Hofe stand, ging mitten in ihn hinein und war nicht mehr da. „Wie angegossen“, gestand Fabian, nahm dem Maschinenmenschen, der ihn unsichtbar ausfüllte, den Schirm ab, zog die Pelerine zurecht und war wieder das einzige Exemplar seiner Gattung.“ (F 141) Und schließlich wird die Maschinenwelt bewehrt von einem Trupp schießwütiger Männer, die Passanten ermorden, Arbeitslose, die jeder jeden anderen bestehlen, deren Leichen dann nach einem festen Preis aufgekauft werden, weil sie als neue Maschinenhüllen dienen können („Pro Leiche dreißig Pfennige, für wenig getragene Charaktere fünf Pfennige extra“, gibt ein Verkaufsleiter als Kurs an; F 145). Es ist dies wohl eine der finstersten Dystopien auch um 1930, eine ins Phantasmagorische gesteigerte Satire auf den Fordismus, wenngleich sie elegant

252 Vgl. Delianidou 2018, S. 187 f.

als Traumsequenz gebaut ist. Und wenn dort Versatzstücke der Realität und disparate Elemente phantastisch zusammenmontiert werden, entsteht daraus eine „Vision des Kampfes aller gegen alle“ in einem Bürgerkriegsszenario, das die Szene als Vorwegnahme einer totalen Mobilmachung lesbar macht.[253]

Es entspricht dies, wenn auch in grotesker Überzeichnung, den verzifferten Lebensverhältnissen in der Großstadt – dass alle Figuren sich messen, ihre Fähigkeiten taxieren und Beziehungen ausloten, ist im *Fabian* mit fast aufdringlicher Insistenz gestaltet (wenn auch alle zu sehr kompromittierenden Schilderungen Berlins vom Verleger Kästners aus lokalpatriotischen Gründen getilgt wurden). Die Großstadt als ökonomische Drehscheibe zwingt ihre Bewohner in das Rechenspiel: „Hier wird einem nichts geschenkt, hier wird getauscht. Wer haben will, muß hingeben, was ist.“ (F 169) Figuren begreifen sich als Ziffern und lassen sich so aufrufen („17!“ „Hallo, das bin ich!“, F 159).[254] Entsprechend hat auch Georg Simmel die Lebensverhältnisse in der Großstadt sehr klar analysiert als solche, die von der Ratio des Rechenwesens, der Verdinglichung und Mechanisierung bestimmt sind und dann im „Überwuchern der objektiven Kultur“ das Individuum versachlichen und dominieren.[255]

Und so wird auch das Jahrzehnt des Sports, mithin der optimierten Körper im *Fabian* reflektiert: „Am Eingang zum Park hing ein Schild: Fernando, der Weltmeister im Dauertanzen, überbietet seinen eigenen Rekord. Er will 200 Stunden tanzen. Kein Weinzwang.“ (F 190) In der Traumsequenz ist es Irene Moll, die dies als Qualifizierung der Gegenwart äußert: „Wir leben im Zeitalter des Sports“ – so lautet das Credo, das sie selbst durchaus affirmativ vorbringt (F 143). Hier werden die sportiven Lebensereignisse allerdings ohne jeden Enthusiasmus, sondern mit deutlich nihilistischer Grundierung angeschrieben.

---

253 Vgl. Wagener 1984, S. 57. Eine Vision von Metropolis bzw. einer „überamerikanischen Stadt“ findet sich in Musils *Mann ohne Eigenschaften*, die ebenfalls durchmaschinisierte Verhältnisse zeigt, wo „Tätigkeit und Liebe“ nach „gründlicher Laboratoriumserfahrung ausgewogen“ sind (S. 31) – allerdings ohne die brutalisierten Aspekte der Schilderung im *Fabian*.

254 Es entspricht dem die flächige Gestaltung der Räume, die nur insoweit ausgestaltet sind, als sie der Handlung dienen: private Handlungsräume mit überschaubarem, pointiertem Personal, andererseits öffentliche Stadträume oder Wirtschaftsräume mit Außenwirkung und fluktuierendem Menschengewimmel. Die Ereignisschilderung hört aber (ihrerseits ökonomisch verfahrend) an der jeweiligen nächsten Begrenzung oder Wand auf, um die Szenen konzentriert zu halten (vgl. Delabar 1996, S. 18–25).

255 Georg Simmel: *Die Großstädte und das Geistesleben* (1903), Zitat S. 131.

Eingewohnte Abläufe sollen Routinen garantieren und werden gleichzeitig im Gestus des Bedauerns kommentiert. Sie sind mit dem Tauschgedanken des Geldes verbunden: „Früher verschenkte man sich und wurde wie ein Geschenk bewahrt. Heute wird man bezahlt und eines Tages, wie jede bezahlte und benutzte Ware, weggetan. Bezahlung ist billiger, denkt der Mann“ (F 84). Dahingestellt, dass die Vergangenheit damit idyllisiert wird – die Gegenwartsdiagnose wird dadurch nicht gemildert. Wenn einmal die Berechnungen nicht stimmen, ist das Katastrophenszenario nahe. Labude sieht sich von seiner zukünftigen Gattin betrogen, was seinen Weg zum Suizid anstößt: „Er organisiert gern. Seine Zukunft war, nach der familiären Seite, bis auf die fünfte Stelle nach dem Komma ausgerechnet. Und nun stellt sich über Nacht heraus, es war alles falsch.“ (F 90) In den Berechnungen der Verhältnisse ist die Vermessung der Gefühle allgegenwärtig, der zyklische Ablauf von Liebesbeziehungen ist selbstverständlich geworden, womit auch emotionales Training als habitualisiertes Modell gezeigt werden soll, das dazu dient, den reibungslosen Ablauf oder die weniger schmerzvolle Abwicklung von Liebesverhältnissen zu garantieren: „Und dann reist man hin, gibt sich einen Kuß, geht ins Theater, fragt nach Neuigkeiten, verbringt eine Nacht miteinander und trennt sich wieder. Vier Wochen später vollzieht sich derselbe Unfug. Seelische Nähe, anschließend Geschlechtsverkehr nach dem Kalender, mit der Uhr in der Hand.“ (F 74)

Die ewige Wiederkehr des Gleichen ist hier mit Zeitmessungen versehen, die wiederum die Ereignisse bis zur Fühllosigkeit takten. Das Sich-hinauf-Lieben mit Bewusstsein eines eigenen Wertes, der an beruflicher Stellung, Bildung, Einfluss oder einfach Attraktivität festgemacht wird und zu steigern ist, gehört mit zum gängigen Paarungsverhalten.[256]

Zu den Berechnungsvorgängen zählt auch die Zuweisung von Geschlechtermerkmalen – vor allem in die weibliche Richtung zielend. Die Fremdzuschreibung schlägt sich dann auch im Changieren namentlich der weiblichen Figuren und ihrer Einstellungen nieder. So entspricht Cornelia Battenberg zunächst dem Typus der Neuen Frau bzw., wie ein Redakteur sagt, „als ehemaliger Referendar einem neuen Modetyp, die intelligente deutsche Frau“ (F 204). Sie selbst reflektiert dies auch, als sie sich nun zu einem neuen Objekt der Filmindustrie wandelt und über eine ihr angebotene Filmrolle klagt, dass dort eine Männerphantasie ihr Leben regiert – und teilt dies Fabian mit:

> „Stell dir vor, daß ich in dem Film die Frau eines Mannes zu sein habe, der, um seiner verschrobenen Phantasie Genüge zu tun, von mir verlangt, daß ich

256 Walter Delabar (1996), S. 26–29.

> mich unablässig verwandle. Er ist ein pathologischer Mensch und nötigt mich, bald ein unerfahrenes Mädchen, und bald eine raffinierte Frau zu spielen, bald ein ordinäres Weib und dann wieder ein hirnloses, elegantes Luxusgeschöpf.“ (F 193)

Die Auflistung erinnert an Vicki Baums Katalog der *Kleinen Ansprüche an die Frau*[257] mit heterogenen, allzu ambitionierten, nicht zu vereinbarenden Eigenschaften. Die sich daraus ergebenden Identitätskonfusionen spielt Cormelia als Filmskript gedanklich durch:

> „Dabei stellt sich, für mich später als für ihn und die Zuschauer, heraus, daß ich ein ganz anderes Wesen bin, als ich selber glaube. Beide, er und ich, werden überrascht sein, denn ich werde mich unaufhaltsam, schließlich gegen seinen Willen, verändern und erst dadurch das geworden sein, was ich schon immer war. Gemein und herrschsüchtig, stellt sich heraus, bin ich im Grunde, und in dem Konflikt, den er durch seine Befehle beschwor, wird er tragisch unterliegen.“ (F 193)

So jedenfalls ist die Imagination des Beherrschens der Verhältnisse skizziert. Und die Schilderung ermöglicht, vergleichbar dem Metamorphoseprinzip in Vicki Baums *Menschen im Hotel*, ein großes Spektrum von Eigenschaften der Frau als flexiblem Menschen – die neue, optimierte Frau erscheint hier als polyvalente Selbst- und Fremdkonstruktion. Um solcherart heteronomen Bestimmungen zu entkommen, erfüllt sich Irene Moll einen Mädchentraum und eröffnet ein Männerbordell, das sie nach allen Grundsätzen der Erwerbsoptimierung führt (F 132 f.). Sie versteht dies ausdrücklich als eigenen Beitrag zur Emanzipation – und verteidigt mit der Feststellung „So ein Institut hat heute viel mehr Existenzberechtigung als ein Frauenhaus“ (F 133) ihre Marktposition.

Der einfache Weg einer Heilsverkündung ist es eben nicht, der für Kästner gangbar wäre. So ist eine gesellschaftspolitische Variante von Optimierung anzusprechen, auf die in Person von Herbert George Wells hingewiesen wird. 1927 veröffentlicht er einen zweibändigen Roman mit der Hauptfigur des autodiegetisch erzählenden Chemiefabrikanten William Clissold, der durch die 1884 gegründete britische *Fabian Society* beeinflusst ist und seine ethischen Beobachtungen, sozialen Thesen und politischen Einsichten dort kundtut. In diesem Fabianismus, der auch als Vorläufer der Labour Party gesehen werden kann und seine Reichweite bis zu Tony Blair und in die Gegenwart hat, geht es dann um eine

> „umsichtig organisierte Befriedigung der wesentlichsten Bedürfnisse der Menschheit, systematische Verwertung der Kräfte, die vorläufig im Kampfe um das nackte Dasein vergeudet werden, vollständige Unterbindung der

257 In: Vicki Baum: Mak, S. 182–184; siehe unten.

> Spekulation, Einschränkung des Gewinns, Abschaffung jedweder unlauteren Profitmacherei – diese grundlegenden sozialistischen Ideen sind heute lebendiger denn je.“[258]

Kästner nimmt auch darauf Bezug, freilich nicht einfach zustimmend – denn es lässt sich entgegenhalten, dass der elitäre Einschlag bzw. die Idee, dass eine erwählte Gruppe von Einsichtigen und Wohlhabenden die Wirtschaftsgeschicke lenken möge, auch im *Fabian* keine Zustimmung findet. Der zuständige Heilsbringer fehlt dort nämlich aus guten Gründen – auch wenn der Romantitel zu einer Identifikation mit dem Fabianismus verlockt, bleibt sie doch lediglich ein möglicher Denkhorizont, der im Roman angegangen, aber nicht ausgeschritten wird.

Dass Fabian ein zaudernder Intellektueller, Melancholiker und Prokrastinator sei, wird man nicht sagen können – zu viele Anhaltspunkte gibt es dafür, dass er durchaus handelt und Hilfestellung gibt: Er lädt einen Bettler ein, überlässt einem Gehilfen die Preisausschreiben-Idee, bezahlt für ein stehlendes Mädchen im Kaufhaus einen Aschenbecher, den sie verschenken möchte; er klärt den Selbstmord Labudes auf, lehnt das Engagement bei der nationalsozialistischen Zeitung ab, bekennt sich beim Schusskampf der Kommunisten gegen die Nationalsozialisten oder versucht schließlich, den Jungen im Wasser zu retten. Das alles sind humanistisch gedachte Aktionen, denen die praktische Schulung mangelt, es fehlt auch zweifellos die letzte Reflexion oder der letzte Überbauschliff, wie ihn vielleicht Labude hinzufügen könnte – Fabian folgt eher einer spontanen Ethik des Herzens. Die Synthese wird verweigert, vielmehr geht es um Vergrößerung des Wissens über ökonomische Zusammenhänge, das der Roman erzählerisch besser mitteilen kann als ein Journalismus, der dem Großkapital oder politisch extremen Parteien verbunden ist,[259] wie Delianidou plausibel machen kann: „Dieses Wissen fordert Kästner entschieden ein, verbindet es mit dem Anspruch ethisch-moralischer Verantwortung, versucht es als Künstler zu vermitteln und fordert uns auf, die Konsequenzen daraus zu ziehen – das ist ‚littérature engagée‘.“[260] Es ist aber auch indirekte Didaktik – nicht Befolgung einer perfekt umgesetzten Lehre, sondern Erarbeitung dieser anhand von negativen Beispielen scheiternder Figuren. In deren Balance könnte das Rezept liegen: Die

---

258 Herbert George Wells: *Die Welt des William Clissold. Ein Roman mit einem neuen Standpunkt.* 1927, Bd. 1, S. 203; dazu Sven Hanuschek 2010, S. 204 f.; zum Fabianismus bei Kästner Hanuschek 2013, S. 296–300.

259 Dieter Wrobel hat auf die immanente Presse- und Journalismuskritik des *Fabian* hingewiesen mitsamt der Verquickungen von Großkapital und Zeitungswesen (*Mediensatire*, S. 269 ff.).

260 Delianidou 2018, S. 196.

komplementären Einstellungen Fabians und Labudes – der eine als Realist ohne Hoffnung auf Systemreformen mit einem skeptischen Menschenbild, der andere als idealistischer Utopist mit optimistischen Annahmen –, sie beide kennzeichnen mögliche Denkweisen, die auf Missstände und politische Verwerfungen der 1920er Jahre antworten,[261] aber für sich und einzeln genommen nicht hinreichen.

Kästner versteht seine Schreibweise durchaus nicht als dokumentarisch-realistisch, bei seinem Roman handele es sich um „kein Photographiealbum, sondern eine Satire“.[262] Der Begriff ist allerdings (wie auch derjenige der Ironie Baums) mit Vorsicht zu genießen, insofern er auch Deckmantelqualitäten hat – denn die Beschreibung der prekären Beschäftigungsverhältnisse Fabians oder Cornelia Battenbergs sind purer Realismus. Und im Gegensatz zu Vicki Baums *Menschen im Hotel*, das eben zu guten Teilen mit Handlungseffekten kalkuliert, hat Kästners Epochenroman deutlich weniger Handlung, die auch eher als grobe Skizze erscheint – das Bekenntnis des Autors zur Handlungslosigkeit ist, was den *Fabian* angeht, nachvollziehbar. Auch dies ist aber abgetönt zu lesen und stimmt nicht *tel quel*, sondern als Kommentar zur Unmotiviertheit der Ereignisse und des Zufallsprinzips.[263] So kontingent wie die Ereignisse in der Großstadt sollen die Wendungen im Roman erscheinen: Etwa das sich Andienen der Cornelia Battenberg an den Filmproduzenten Makart,[264] die Hilfe durch Fabian, der dadurch erst Cornelia die Chance verschafft, am Filmbusiness teilzunehmen, sein eigener Fehltritt, den er gleich wieder vergisst, sodann verschiedene kleine Szenen wie die zu frühe Rückkunft des betrogenen Handlungsreisenden – all das wirkt auch als kleine Hommage an das Kintopp. Des weiteren der tragische Selbstmord Labudes aufgrund der fälschlich vom Assistenten Doktor Weckherlin geäußerten Einschätzung, dass seine Habilitationsschrift abgelehnt worden sei (die laut tatsächlichem Gutachterurteil aber zu den großen Neuerungen der Fachwissenschaft gehört), ferner seine Hinterlassenschaft für Fabian, die ihn vorerst rettet und deren Hälfte er noch Cornelia weitergibt, als sie längst ihre eigenen Wege genommen hat. Und schließlich der Rettungsversuch des Jungen, wobei Fabian ertrinkt – die Wirkung ist mit dem lakonischen Gestus Kafkas vergleichbar, dessen Katastrophengestaltungen als tragikomische Pannen Schule gemacht haben. Und all das sind Fügungen

---

261 Vgl. Hans Wagener 1984, S. 56.

262 Erich Kästner: Vorwort zur Neuauflage 1946 (Ausgabe 2017. 240).

263 Vgl. Erich Kästner: Nachwort für die Kunstrichter (*Der Gang vor die Hunde* 2013, S. 237 f.)

264 Fabian konstatiert das Finanziertwerden Cornelias durch Makart: „Es fehlt nur, daß ich die Interpunktion mitspreche“, F 170.

eines Zufalls, der die Aleatorik einer nicht mehr greifbaren, gestaltbaren Wirklichkeit vorzeigen soll.

Damit kommen Versatzstücke des Realen in die Erzählung, die auch Formen der Auflistungstechnik annehmen kann. Gleich zu Romanbeginn wird der Leser in die Schlagzeilenwelt der Zeitungen versetzt: „Englisches Luftschiff explodiert über Beauvais, Strychnin lagert neben Linsen, Neunjähriges Mädchen aus dem Fenster gesprungen, Abermals erfolglose Ministerpräsidentenwahl, Der Mord im Lainzer Tiergarten“ (F 7), auch ein bevorstehender Streik von 1.400.000 Metallarbeitern kommt in die Aufzählung, die eine halbe Seite einnimmt und heterogene Wirklichkeitsfetzen montiert.[265] Die Enumeration kann auch Wahrnehmungsdetails bis hin zum Bewusstseinsprotokoll umfassen, wenn Fabian gegen Ende des Romans eine Schulaula betritt: „Morgenandacht, Abendandacht, Orgelspiel, Kaisers Geburtstag, Sedanfeier, Schlacht bei Tannenberg, Fahnen im Turm, Osterzensuren, Entlassung der Einberufenen, Eröffnung der Kriegsteilnehmerkurse, immer wieder Orgelspiel und Festreden“ (F 211). Diese Flexibilisierung des Standorts bzw. der Erzählperspektivik ist sicher nicht als kompositioneller Makel, sondern als Mimesis an die Zustände zu sehen in der Funktion, diese vorzuzeigen. Und auch auf Ebene des Satzbaus oder der Diktion zeigt sich das dann, wenn etwa im Maschinenrhythmus ein Chiasmus produziert wird: „Es wurde mitgeteilt. Es war verboten. Es war verboten. Es wurde mitgeteilt.“ (F 117) Bereits beim stummen, erst recht beim lauten Lesen fällt die Mechanik der Syntax auf, wie generell im *Fabian* das Sentenzenhafte, Schlagfertige und zugleich Gestanzte der Figurenreden hindurchklopft. Zeitungswesen, Reklame, Film und sonstige Technik spielen motivisch eher eine Nebenrolle, die Erzähltechnik haben sie aber durchaus geprägt, um damit eine „kaleidoskopartige Bestandsaufnahme einer als morbid empfundenen Gesellschaft“[266] zu ermöglichen. Es sind auch im *Fabian* Markennamen, die etwas verhalten, aber doch erkennbar verwendet werden (F 190). In diesem Sinne sind Vorzeigequalitäten des Erzählens, die Transparentierung von Wirklichkeitsrede in unterschiedlichen Sprechregistern einer Optimierung des Erzählens verpflichtet, während die Selbstoptimierungsversuche der Hauptfiguren fatal scheitern.

---

265 Die Strategie ist spätestens mit Döblins *Berlin Alexanderplatz* kanonisch (vgl. z.B. ebd., S. 189).

266 Britta Jürgs: *Neusachliche Zeitungsmacher* (1995, S. 196).

Der Marktwert des Lebens: Vicki Baums *Menschen im Hotel* als Roman der Verzifferung

Es ist ein exponierter, ja theatraler Ort, der das Zentrum der Handlung bildet: Die Drehtür eines Berliner Hotels verbindet Menschen unterschiedlichster Provenienz, Absichten und Haltungen, sie bringt sie in diesem Transitraum zusammen, der eine Grenze zwischen Innen und Außen bildet, und trennt sie wieder im Wechselspiel zentripetaler und zentrifugaler Kräfte. Das Hotel ist in dem Sinne ein eigenes Universum, ein heterotopischer Raum, insofern dort reale Räume zu zeichenhaften Andersorten gebündelt sind, die ihre eigene Dynamik entfalten und ein temporäres, alternatives Zuhause bieten können – zugleich aber durch das äußerst heterogene Romanpersonal rege Verbindungen mit dem urbanen Alltag um 1930 unterhalten.[267] Dieser Kunstraum ist mehr als die Summe seiner von draußen eingespiegelten Teile, er bildet eine Systemzeit heraus nach eigenen Gesetzmäßigkeiten und Abläufen, anders (und mit Bachtin) gesagt einen mit den Energien der Umgebungszeit aufgeladenen Chronotopos, der aber aus seinen Korrespondenzen mit seiner Umgebung nicht abzulösen ist. Die Welt des Hotels enthält en miniature Zeitgeschichte im Raum[268] mit einer größtmöglichen Zahl von Ereignissen pro Stunde, wie es zum Schluss heißt: „‚Großartiger Betrieb in so einem Hotel', denkt er, ‚kolossaler Betrieb. Immer ist was los. Einer wird verhaftet, einer geht tot, einer reist ab, einer kommt.' "[269] Es ist jedenfalls ein lichtreicher, effektvoller Raum, der sich bestens zur Darstellung von sozialen Fragen eignet, gerade auch dann, wenn man ihn weit weniger euphorisch einschätzt – wie dies etwa Kracauer getan hat in seinen Anmerkungen zur Hotelhalle,

267 Vgl. Herrmann-Philippi 2021, S. 29 ff. – insofern Foucault Heterotopien als Gegenplatzierungen der von ihnen repräsentierten Räume fasst (1992, S. 39) und auch die Eigenschaft von Theater und Kino, verschiedene Räume zu bündeln, betont (1992, S. 42), ist das Konzept als Erweiterung einer bloßen Spiegelfunktion des Hotels aufschlussreich.

268 Herrmann-Philipp, 2021, S. 2, die insgesamt ihre Analysen der Gattung des Hotelromans auf die Kategorien Zeit (Chronotopos bei Bachtin) und Raum (Foucaults Heterotopie) gründet.

269 M 332 – Zitatangaben nach: *Menschen im Hotel* (1929). Köln: Kiepenheuer & Witsch 2022.

die „aus den blind umgetriebenen Elementen einer zerfallenen Welt ein Ganzes bildet".[270]

Insbesondere in der Detailbeobachtung von sechs Figuren wird der Ort damit zum Terminal moderner Lebensmöglichkeiten. Zunächst als Fortsetzungslieferung in der *Berliner Illustrierten Zeitung* abgedruckt, erschien die *group novel* mit dem Untertitel *Kolportageroman mit Hintergründen* dann 1929 als Buchpublikation und erreichte rasch eine solche Popularität, dass sie kurz danach mit rascher Übersetzung ins Englische, die Basil Creighton bereits 1930 angefertigt hatte, 1932 in Hollywood verfilmt wurde mit damals international renommierter Starbesetzung (Vicki Baum arbeitete bei der Erstellung des Drehbuchs durch William Drake mit, eine Reihe von Stars war engagiert, u.a. Greta Garbo als Grusinskaja). Insofern dürfen auch die Charakter- und Beziehungsschilderungen des Romans sowie seine zahlreichen reflexiven Passagen unbedingt als prototypisch aussagekräftig für Zeittendenzen genommen werden; seine narratologischen Elemente wiederum sind Ausdruck sowie originärer Beitrag zur Ästhetik der *Neuen Sachlichkeit* und einer Ökonomie, deren Wirkungsmacht in Denk- und Gefühlshaushalte der Figuren greift, ihr Zusammenleben strukturiert und auch den Erzählstrategien des Textes ein Gepräge gibt. Die Autorin, obendrein noch Harfenistin und Journalistin, hat die Mitteilung gestreut, selbst als Zimmermädchen gearbeitet zu haben, um die Realistik des Romans und die Authentizität der Sprechweisen zu garantieren.[271] Das wäre der volle Anspruch einer „teilnehmenden Beobachtung" – allerdings hat Vicki Baum diese speziellen Studien vor Ort nicht wirklich unternommen. Gleichwohl zeigt sich in der Mitteilungsform des Erzählens viel Einfühlungsvermögen und wenigstens indirekte Recherchearbeit.

Die Ereignisse um die fünf wichtigsten Figuren der *group novel*, die sich in drei Märztagen und -nächten vollziehen, werden nacheinander geschildert, auch wenn sie teilweise simultan stattfinden – sie bilden ein Netzwerk, das die Konstruktion des Romans mit Themen der Liebe, des gesellschaftlichen Ehrgeizes, Technik, Erlebnisintensität und Tod ausmacht. Das Personal besteht aus einer Reihe von Nebenfiguren, die entweder typisiert, als Ziffer geführt oder allenfalls in Andeutung skizziert werden (der Portier und die gefährliche Geburt seines Mädchens zum Beispiel). Sie sind um ein Quintett von Hauptfiguren gruppiert, das dann deutlicher individualisiert wird. Es handelt sich dabei um den kriegsversehrten

270 Kracauer: *Die Hotelhalle*, in: *Das Ornament der Masse. Essays*, S. 157–170, hier S. 159.

271 Vgl. Herrmann-Philippi 2021, S. 16 f.

Arzt Dr. Otternschlag, einen Zyniker, der als Orakel für dunkle, abgrundtiefe Wahrheiten aufgebaut wird und sich und seine Umgebung gerne mit Einschätzungen zur Weltlage und auch mit Morphium versorgt. Otto Kringelein wird mit sprechendem Namen ausgestattet, der ihn als Buchhalter aus der Provinz kennzeichnet, der bis dahin seine i-Punkte auf dem Namen und seinen Buchhalterkringel korrekt gesetzt hat. Als Moribundus möchte er noch einmal seinem tristen finanziellen Hintergrund und traurigen Ehedasein entkommen; im Hotel sucht er die weltmännische Steigerung seiner Lebensmöglichkeiten. Dabei verbindet er sich mit dem jungen und eleganten Hochstapler Baron von Gaigern, der nicht nur die technischen Geräte wie Auto und Flugzeug bestens bedienen kann, sondern auf charmante Art seinen Gaunereien nachgeht. Die alternde Ballerina Grusinskaja hat die klassische Ballettausbildung durchlaufen und leitet eine international reisende Tanzgruppe, allerdings – und hierfür ist die Konkurrenz zu modernen Tanzensembles wie den Tiller Girls verantwortlich – mit abnehmendem Erfolg.[272] Trost findet sie in ihrer spontanen Liebe zu Gaigern, dessen Raubüberfall auf die Perlen der Grusinskaja in eine wechselseitige Liebeshandlung umfunktioniert wird. Zum Hauptpersonal zählt auch Generaldirektor Preysing, Chef einer sächsischen Textilfabrik (gleichfalls mit einem kombinierten Namen ausgestattet), der im Hotel schwierige Fusionsverhandlungen mit betrügerischem Geschick führt, seinen Untergebenen Kringelein demütigt, sich eine Affäre mit der Sekretärin Flamm leistet und zum Mörder des Barons von Gaigern in Notwehr wird. Flamm schließlich, auch Flämmchen genannt, ist neben ihren zeittypischen Eigenschaften als flinke und taktisch sich im Hintergrund haltende Sekretärin mit Erotik ausgestattet, sie wird am Ende mit Kringelein einigermaßen hoffnungsfroh nach England aufbrechen.[273]

Neben zahlreichen Alltags- und Berufshandlungen der Hotelangestellten, die für die ausführlicher gestalteten Ausnahmesituationen ein Gerüst bilden, lassen sich Vergnügungshandlungen und Wirtschaftsaktivitäten im weitesten Sinn erkennen – harmlose Aktionen gibt es dabei kaum, mehrheitlich sind sie entweder als purer Luxus (die Tanzdarbietungen) oder am Rande von Kriminalität dargestellt.

---

272 Ihr letzter Roman *Theme for Ballet* (1958) fasst noch einmal die Tendenzen des modernen Tanzes „vom klassischen Spitzen- bis zum modernen Ausdruckstanz und seinen Anleihen an ritualisierte Rausch- und Trancezustände“ zusammen (vgl. Bertschik 2022, S. 62). Bertschik verbindet dies mit einem Hinweis auf Nicole Nottelmanns (2002) These einer variablen Verwendung von modernen und traditionell-mimetischen Erzählelementen, mit denen eine heterogene, d.h. auch breite Leserschaft erreicht werden kann.

273 Zum Personal und zum Entwurfsprozess vgl. E 452 f.

Dass der ironisch gemeinte Buchuntertitel *Ein Kolportageroman mit Hintergründen* mit dieser Nuance in der serienweisen Zeitschriftenveröffentlichung nicht recht wahrgenommen wurde, mag man der witzigen (und noch für heutige Serien prägenden) Pointe entnehmen, dass einige LeserInnen per Brief und Unterschriften gleichsam als Petition um die Wiederauferstehung der Figur des liebenswerten Gaunerbarons baten – und zugleich in rührender Anteilnahme auch Anregungen dafür lieferten (vgl. E 455). Die Anekdote zeigt, dass spätestens hier das Publikum seinen Einfluss geltend machen will – mit Folgen für das Schreiben. Das bewusst Kolportagehafte („in den Zwanzigerjahren mussten Geschichten noch eine Handlung haben", E 457) und die Nutzung von Klischeefiguren mit geprägten Sätzen sind allerdings ein kalkuliertes Spiel, das aber nicht nur auf den Verkauf gerichtet ist, sondern auch seine kritische Komponente erweist angesichts der Wirtschaftskrisen um 1930, als sich, wie die Autorin notiert, „die Kluft zwischen Besitzenden und Besitzlosen verbreiterte" (E 457).

Wirtschaftshandlungen und ökonomische Überlegungen, die im übrigen auf gut recherchierter Grundlage und mit aktuellen Bezügen dargestellt werden, sind denn auch ein durchgehendes Thema des Romans. In der Hotellobby und in einem Verhandlungszimmer werden im Zuge von Übernahmeverhandlungen zwischen zwei Firmen immer wieder Semantiken der Solidität und Traditionalität sowie der Rentabilität und Flexibilität durchgespielt und mit deutlich antikapitalistischen Anmerkungen durch die Erzählinstanz versehen („Die Welt wollte ihre gemachten Konjunkturen, ihre lancierten Gerüchte, ihre arrangierten Haussen, hinter denen nichts stand als ein bisschen Windmacherei", M 185). Das Lesepublikum bekommt neben den konkreten Verhandlungen immer auch weltwirtschaftliche Aspekte in den Blick gerückt, ja es wähnt sich in der Schaltzentrale der Makroökonomie, wenn es heißt: „Der Zucker wurde teurer, die Seidenstrümpfe billiger, die Kohle knapp, dies und tausend andere Dinge hingen davon ab, wie solche Kämpfe im Konferenzzimmer des Grand Hôtels abliefen." (M 179)

Als angelagerte Drehscheibe fungiert die Lobby mit dort parlierenden „geschäftstüchtigen Herren", deren Warenhandel wiederum im Serienprinzip gezeigt wird: Sie „verkaufen in allen Weltsprachen Papiere, Baumwolle, Schmieröl en gros, Patente, Filme [!], Terrains, sie verkaufen Pläne, Gedanken, ihre Energie, ihren Kopf, ihr Leben" (M 60), was insgesamt das Hotel wie eine Börse erscheinen lässt (M 61). So werden dann auch die Unterhandlungen dargestellt, es geht um eine Firmenfusion von Saxonia Baumwolle, Chemnitzer Strickwaren und dem Unternehmen Burleigh & Son aus Manchester mit allen Bluffs und Vorspiegelungen falscher Tatsachen. Auch wirtschaftspsychologische Sentenzen werden dem

Lesepublikum zur Verfügung gestellt: „dass es Gerüchte gibt, die mehr Geld wert sind, als mancher fix und fertige Vertrag“ (M 186), und das Täuschungsprinzip spiegelt sich auch in der Handlungsregie, die letztlich durch einen Coup Preysings auf unlautere Weise entschieden wird (M 189). Immer wieder werden sprachliche Fertigteile als Faktur der Rede ausgestellt; so bemerkt Zinnowitz, „dass seine Sätze sich so glatt und klar abspulten wie von einer Maschine“ (M 175).

Berechnungen und Kategorisierungen, Einordnungen und Typisierungen zeigt der Roman vielfach und führt sie regelrecht vor, nüchtern und klar, pointiert, mit journalistischen Anklängen, dazu Produktplatzierung, Markennamen, Massenkultur in gar nicht konstruiert-schroff wirkendem, sondern situationsadäquatem, flüssigem Stil. Es geht um einen an sich harmlosen Gegenstand, nämlich einen Füllfederhalter, der zum Gegenstand des Interesses der Geschäftsleute vor den Fusionsverhandlungen wird und überhaupt das Wettbewerbsprinzip metonymisch abbildet:

> „Hübsche Füllfeder“, sagte Schweimann zu Zinnowitz. „Was ist das für eine Marke? Sehr hübsch.“
> „Gefällt sie Ihnen? Bekomme ich aus London. Hübsch, nicht wahr?“ sagte Zinnowitz und schrieb seine flüssige Unterschrift auf einen Notizblock. Alle Herren sahen zu.
> „Was kostet so’n Ding, wenn man fragen darf?“, erkundigte sich Preysing, holte seine eigene Füllfeder aus der Brusttasche, legte sie vor sich hin auf den Tisch, und jetzt sahen alle Herren dorthin. „Etwas über drei Pfund, ohne den Zoll. Ein Bekannter hat sie mir mitgebracht“, sagte Doktor Zinnowitz. „Angenehmes Ding, sehr angenehm.
> Sie steckten die Köpfe über den Tisch wie Schuljungen und betrachteten den malachitgrünen Füllfederhalter aus London. Es war ein Objekt, wert, dass sich fünf erwachsene Konferenzteilnehmer damit drei Minuten lang beschäftigten.“ (M 174 f.)

Deutlicher kann ein Warenfetisch nicht inszeniert werden, mit allen Ironiesignalen gegenüber einem Prestigekonsum bzw. jener „conspicuous consumption“, die Thorstein Veblen mit klugem Sarkasmus analysiert hat: Das Luxusgut muss demnach kostenintensiv sein, denn nur dann kann es als ausgesprochen teures Produkt auch zur Befriedigung ästhetischer Bedürfnisse und zur sozialen Distinktion dienen – und nur derart überteuert wird es auch nachgefragt (der sogenannte Veblen-Effekt). Solcherart irrationale Verhaltensmuster seien prähistorisch geformt und überhaupt anthropologisch, aber nicht mit ökonomischer Ratio zu erklären, und so wie der Konsum unnötig ist, folgt auch die Produktion nicht Notwendigkeiten der Wertschöpfung, sondern ist eben spielerisch-luxuriös.[274]

274 Vgl. Veblen 2007, bes. S. 43–47.

Hier mischt sich am Ende ein Kommentar der Erzählstimme ein, der die Infantilisierung der Wirtschaftsleute feststellt und die Aufmerksamkeitserregung mit den Faktoren Zeit und Beteiligtenzahl als Marktwert beziffert. Dieses „Füllhalter"-Prinzip prägt die Wahrnehmung der Beteiligten wie es auch sonst ein Grundmuster, geradezu ein Stilprinzip bildet. Während an anderen Stellen durchaus *Product Placement* zu erkennen ist, bleibt die Marke – vielleicht auch aus rechtlichen Bedenken – hier ungenannt. Baum, die Veblen auch in ihrer Autobiographie benennt, unterstreicht im übrigen den kritischen Blick auf die Verschwendungssucht amerikanischer Millionäre und deren Statussymbole in dessen *Theory of the Leisure Class*.[275]

Dass der Roman durchkapitalisiert ist, lässt sich auch an Verdinglichungs- und Maschinisierungsformeln erkennen, die den Eingriff der Maschine in den Menschen anzeigen: Gaigern „spürte hinterher seine Schlagadern am Hals arbeiten wie Maschinen" (M 110), heißt es einmal, und entsprechend wird er als „Dynamo" und „Energiequelle" bezeichnet „mit seinem Hundertzwanzig-Kilometer-Tempo" (M 289). Otternschlag bezeichnet das Herz Kringeleins als „Maschine, die wenig benutzt worden ist", weswegen „das Marionettchen noch eine Weile springen" muss an seinem letzten Faden (M 261). Wie ein Marionettentheater wirkt auch das Tanztheater der Grusinskaja, als sei die Zehenspitze „mit einer Schraube festgedreht" auf dem Boden (M 113); Kringeleins Kopf ist „eine heiße Kugel, in die man viel zu viel Dinge hineinwarf, die darin zu zischen und zu schmelzen begannen" (M 114) – der Mechano-Diskurs ist allgegenwärtig. Er wirkt noch in die phonologische Bewusstheit und die Tonwahrnehmung hinein: Als die Grusinskaja den Baron als schönsten Menschen tituliert, heißt es: „Es klang so kalt, als spräche sie von einem Ding, das auf Auktionen ausgestellt und verkauft wird." (M 58)

Verdinglichung wird auch bemerkbar durch die häufig gestiftete Identifikation von Figuren und Ziffern, z.B. „Achtundsechzig hat Krach gemacht", womit die Tänzerin Grusinskaja gemeint ist, die dieses Zimmer bewohnt und in einer Identifikation auch so benannt wird („Achtundsechzig – das ist die Grusinskaja", M 7), und solcherart Bezifferungen von Figuren sind ein durchgängiges Stilprinzip der Typisierung im Roman. Beim Pagen Nr. 24 oder Boy Nr. 11 (M 9 f.) gehört die Bezeichnung schon

275 E 509. Es sei nur angedeutet, dass das Prinzip der Markenverwendung in den 1920er Jahren seinen Anfang nimmt, dann aber mit der Pop Art und der Verwendung von Markenartikeln und Listen in der Pop-Literatur höchst erfolgreich fortgesetzt wird – exzessiv in Bret Easton Ellis' *American Psycho* (die Szene mit Visitenkarte und Gazellenlederbrieftasche ist als Anspielung zur hier zitierten Szene bei Vicki Baum lesbar; vgl. S. 68 ff.).

fest zum Berufsstand, und wie in einer Teilnehmerliste werden dann typische Figuren notiert: Mädchen, Pagen, Bedienstete, ein schlechtgelaunter Einarmiger, der Portier Senf, die Schwester Pförtnerin, ein Kind (M 45) – man meint, hier die Porträtfotografien August Sanders vorgehalten zu bekommen. Die Diktion, aber auch die Wahrnehmung und das Handeln der Figuren sind von Quantifizierungen durchgehend geprägt.

Gefühle scheinen weitgehend einem Haushaltsprogramm unterworfen, ihre Ökonomisierung wird an vielen Passagen deutlich (so heißt es einmal über die Grusinskaja: „Sie selbst betrieb die Liebe wie eine Verpflichtung ihres Berufes“; M 152). Allerdings treten sie bei den Hauptfiguren zunehmend über die Ufer, und dies wird auch als Läuterungsprozess aufgebaut, der das alte Leben als Verdrängungsmechanismus und entfremdete Existenz im Unterschied zur entpuppten neuen Existenz kennzeichnet, ohne dass dies dann eine Heilswelt sein würde (im Gegenteil enden mindestens drei der sechs Hauptfiguren in der Katastrophe, bei den anderen ist dies höchst ungewiss).

Neben den Hotelstandards, die das anerkannt beste (aber namenlose) Haus in Berlin setzt, sind auch dessen Bewohner und Bedienstete vielen Normbildungen unterworfen, die vor allem ökonomisch geprägt sind. Orte der Handlungen und die Chronometrie sind präzise bemessen; neben etlichen Zeitangaben werden akribisch die Räume durch Ziffern benannt (und auch im Wert bezeichnet). Dass die Hauptfiguren sich alle mehr oder weniger um Geldsummen und Zeitberechnungen kümmern, ist unübersehbar – so ermahnt sich Kringelein einmal in einem inneren Monolog: „In solchen Zimmern darf ich meine Zeit nicht verlieren“ (M 19), wie dort überhaupt alles Tun auf einen Zweck hin finalisiert ist „Dazu bin ich nicht hergefahren. Dazu lohnt es nicht, dass ich es getan habe. So darf ich es nicht anfangen.“ (M 19)

Im Maße der beschleunigten Ökonomie erscheinen ältere Buchhaltungstechniken obsolet; so weckt Kringeleins alte Brieftasche „die flüchtige und bedeutungslos gewordene Vision seines Aufgabenbuches in schwarzem Wachstuch“ (M 207), die nun liquidiert wird. Solche alten Pacioli-Techniken werden im Diminutiv dargestellt: „Bis zum heutigen Morgen hatte er Pfennig für Pfennig in solche Büchelchen eingetragen, seit seinem neunten Jahr. Das galt jetzt nicht mehr. Das ging nie wieder. Tausend Mark an einem einzigen Vormittag ließen sich nicht aufschreiben.“ (M 207) Hier wird das neue, massive und akzelerierte Gelderlebnis zur disruptiven Erfahrung mit Folgen für das eigene Weltbild, das der Erosion ausgeliefert wird: „Ein Teil der Kringelein'schen Weltordnung war eingestürzt, geräuschlos und ohne alles Aufsehen“ (M 207), und die Geschichte eskaliert: Nach dem Besuch des Boxkampfs und des Spielclubs hat er vollends „die Orientierung verloren“ und sich aus dem System der

Berechnungen verabschiedet: „Er weiß nicht mehr, was Geld ist. In einer Welt, wo man vormittags tausend Mark ausgibt und abends dreitausend gewinnt, irrt der Buchhalter Kringelein aus Fredersdorf labyrinthisch umher wie in einem Zauberwald ohne Licht und Weg.“ (M 251)

Insbesondere Preysing und Kringelein legen sich immer wieder Rechenschaft ab und betreiben als Vertreter des ökonomischen Berufsstandes intensive Selbstbuchhaltung. Preysing wird seine „Grundanständigkeit“ im Chaos der nächtlichen Ereignisse, an deren Ende er als Mordverdächtiger und Ehebrecher dem Untergang entgegenstarrt, zwar verlieren – doch bis dahin hat er sie jahrzehntelang erarbeitet als „Mann der Ordnung und Organisation und der gefestigten Bürgerlichkeit“ (M 188). Dazu gehören Aufschreib- und Zähltechniken, die bislang für ihn Karriere- und Wohlstandsfaktoren gewesen sind: „Sein Leben ist ordentlich eingeteilt, es liegt registriert und offen da, ein wohlgefälliger Anblick: ein Leben der Zettelkästen, der Aktendeckel, der vielen Schubladen und der vielen Arbeit.“ (M 188 f.)

Dieser Einteilungs- und Ordnungswille lässt wenig Spielraum für extensive Gedankenführungen oder Imaginationsbildungen. Wenn Lebenswege von Figuren geschildert werden, geschieht das in mechanischer Kurzschrift von Einzelereignissen und ihrer Zyklik, was im Nachhinein ihre Berechenbarkeit demonstriert. So schreibt die Erzählerin das Leben der Grusinskaja auf:

> „Ihr Leben rasselte an ihr vorbei wie ein leerer Expresszug. Proben, Arbeit, Verträge, Schlafwagen, Hotelzimmer, Lampenfieber, grauenhaftes Lampenfieber, und wieder Arbeit und wieder Proben. Erfolg, Misserfolg, Kritiken, Interviews, offizielle Empfänge, Streit mit Managern. Drei Stunden Soloarbeit, vier Stunden Ballettprobe, vier Stunden Vorstellung, einen Tag wie den anderen. Der alte Pimenoff. Der alte Witte. Die alte Suzette. Sonst kein Mensch, nie ein Mensch, nie eine Wärme.“ (M 134)

Dazu passt die von ihr auch als bedrückend empfundene und vielfach beklagte „Disziplin! O ja, Disziplin haben wir. Disziplin ist so sehr schlimm anstrengend. Disziplin ist, immer das zu tun, was man nicht zu tun wünscht, wie sagt man – keine Lust hat. Kennt man das: großes Müdesein von zu viel Disziplin?“ (M 137) Nicht nur das Tagwerk, sondern auch Lebensrückblicke werden dann insgesamt im gleichfalls disziplinierten Stenogrammstil erzählbar, auch Otternschlag erledigt das im nüchternen Referat und beendet seine Aufzählung von Stationen schlicht: „Na. Genug. Punkt dahinter. Alles mal gewesen. Wer fragt danach?“ (M 51) Dies sind die protokollarisch verknappten Selbsterzählungen aus der Figurensicht, die dem Zeitgeist entsprechen und in Robert Musils Ulrich-Figur Verdacht gegen solche Möglichkeit von Selbsterzählung wecken, weil sie eben nicht berücksichtigen, dass das Leben keinem „Faden der Erzählung“ (mehr) folgt, sondern es sich vieldimensional auf einer „verwobenen Fläche“ ausbreitet.[276]

Kringeleins Pedanterie der Lebensführung, sein schon penetrantes Abzählen von Rechnungen, laufenden Kosten und Einnahmen, seine Abmessung der Konsumgüter (z.B. M 47) hat zwar auch mit seinem schmalen Einkommen, vor allem aber mit der internalisierten Berufshaltung zu tun. Darin erscheint er als die Musterfigur der abendländischen Hausbuchhaltung und Nachfahre des Renaissanceheroen Alberti, wenn auch weit weniger hoffnungsvoll:

> „Er muss rechnen. In seinem Kopf treiben immerfort Zahlen ihr Unwesen, sie stellen sich in Kolonnen untereinander und addieren und subtrahieren sich ohne sein Zutun. Kringelein besitzt ein kleines Büchlein, in Wachstuch gebunden, noch aus Fredersdorf, davor sitzt er stundenlang. Er trägt seine Ausgaben ein, die irrsinnigen Ausgaben eines Mannes, der das Leben genießen lernt, ein Monatsgehalt verbraucht in zwei Tagen. Manchmal ist ihm so schwindlig, dass er alle Wände mit der Tulpentapete auf sich herabfallen sieht.“ (M 92)

Das Rechenwesen führt in seiner Wahrnehmung zu Implosionserscheinungen, wenn Kringelein zunächst nur eines kennt – in der finanziellen Hierarchie so mitspielen zu können, dass es in seiner mutmaßlich letzten Lebensphase immerhin für ein Zimmer im besten Hotel Berlins reicht. Mit dieser Passage kippt das Lebensprinzip jedoch um – angesichts der tödlichen Krankheit setzt Kringelein schließlich das Sparprinzip außer Kraft und gibt sich dem Verschwendungsprinzip hin, er verschreibt sich der grenzenlosen Lebensfeier (M 193) und bemerkt noch den Abschied von seinen Notizbuchregeln, was ihm „schwindlige Zahlen“ vor die Augen zaubert (M 195). Im Anprobieren neuer Kleider erfährt er einen Kaufrausch, den er als gesteigertes Lebensgefühl (M 199) und als „Wunder der Verwandlung“ (M 200) empfindet.

So wie bei Kringelein die vestimentäre Praxis[277] eine wichtige Rolle bei seiner Metamorphosierung spielt und er sich seitenlang genussvoll und zunehmend selbstbewusst neu einkleiden lässt, ist es auch an anderen Figuren die Kleidung, welche Glanz, Misserfolg oder Aufstieg und Abstieg signifiziert und im soziologischen Kontext der Massenkultur eine wichtige Rolle als Identifikations- oder Distinktionsmerkmal spielt – es lässt sich damit die Zugehörigkeit zur *upper class* oder eine Gegenposition symbolisieren.

---

276 Vgl. Robert Musil: *Mann ohne Eigenschaften*, S. 650.

277 Zum Begriff des vestimentären Codes vgl. Roland Barthes 2007, S. 18 und passim.

Nicht von ungefähr spielt in diesem gewerblichen Kontext das Serienprinzip der Figuration eine Rolle, als Kringelein Anzüge anprobiert und der Blick in den Spiegel Folgendes zeigt: „Drei elegante Herren sind um ihn bemüht, zwölf schäbige Kringeleins kommen aus den gegeneinandergestellten Spiegeln in spitzen Winkeln aufeinander zu“ (M 197), und als er das Geschäft nach höchst erfolgreicher Kaufhandlung verlässt, umsteht ihn „ein Spalier komplimentierender Rücken“ der Verkaufsangestellten, die Kringelein an die Spiegeltür des Geschäfts begleiten (M 201). Und entsprechend sind es Wiederholungen und Parallelismen, auch Alliterationen, die das „taumelnde Leichtwerden“ (M 200) des Einkaufens syntaktisch unterstreichen und zum selbstlaufenden Rhythmus machen: „Er kauft, kauft, fragt nicht nach dem Preis, kauft. Streichelt Stoffe, Seiden, fährt über Hutkrempen, probiert Westen, Krawatten, Gürtel, legt Farben nebeneinander und schluckt ihren guten Zusammenklang wie etwas Wohlschmeckendes in sich hinein.“ (M 200) Schwindel und Taumel werden hier als Erfahrungen des immer schneller beschleunigten Geldkreislaufs benannt; diese Sensationen entsprechen dem Gefühl anderer literarischer Figuren wie etwa Rilkes Nikolai Kusmitsch im *Malte Laurids Brigge*, aber auch Darstellungen, die Georg Simmel über Geldkreisläufe in der Großstadt gegeben hat.[278] Dem korrespondiert die Typografie, so wie er die i-Punkte über seinem Namen nicht mehr schreibt und seine Handschrift die Ordnung verliert, sagt er sich auch vom ökonomischen Prinzip los: „Auf Kringeleins Namen fehlten die i-Punkte. Er hatte sie endgültig verloren in dem besinnungslosen Lebenswillen dieses denkwürdigen Tages“ (M 219). Die Schreibhand des Buchhalters wird zum Ausdrucksinstrument, und sie ändert sich mit seinem Entschluss zum Aufbruch ins entgrenzte Leben:

> „Es war noch Kringeleins Stil, aber es war nicht mehr völlig seine Handschrift. Es hatten sich harte, schartige Striche in die glatten Buchhalterzüge gemischt, und die i-Punkte wollten davonfliegen wie Luftballons, die sich von der Schnur lösen, um im Himmel zu zerplatzen, einsam und mit einem kleinen, tragischen, von niemandem gehörten Knall“ (M 196).

---

278 Die Bewegungs- und Tempoerfahrung erinnert stark an Rilkes Kusmitsch-Figur im *Malte Laurids Brigge*, der versucht, Zeit als messbare Geldeinheit zu behandeln, was ihn in krankhaftes Schwindelgefühl führt (Werke Bd. 3, S. 572–578). Zur Beschleunigung von Nervenreizen als „extreme Steigerung des Lebenstempos“ auch im Anwachsen von internationalen Geldströmen vgl. Georg Simmel 1897 und 1903; Zitat (S. 101).

Schönheit als Disziplin

Während Männer die ökonomischen Handlungen und Selbstprotokolle betreiben, ist das Rechenwesen in Vicki Baums Roman auch eng mit dem Genderblick verknüpft, und vorbereitet ist dies durch zahlreiche Artikel der Autorin in der illustrierten Mode- und Kultur-Zeitschrift *Die Dame*, wenn dort die Dialektik von modisch-medialer Verdinglichung und neuen Handlungsspielräumen, von modischem Image und emanzipatorischem Typ der Neuen Frau aufgebaut wird.[279] Eigenständigkeit ist eine Qualität, die nicht nur visuell erheischt, sondern auch erarbeitet sein will – Disziplin im Doppelsinn des Erwerbs von Fachbereichskompetenz und der Unterwerfung unter eine Norm scheint dafür unerlässlich. Jedenfalls ist sie die Kardinaltugend aller erfolgreichen Selbstoptimierer, sowohl im kaufmännischen als auch im künstlerischen Bereich. Auch Grusinskajas Truppe muss, wie angesprochen, „Disziplin" beweisen (M 30), so wie man die Tänzerinnen in Grusinskajas Jugend erzogen hat als „kleine Soldaten", „streng, eisenhart im Institut des kaiserlichen Balletts in Petersburg" (M 146) – und entsprechend zeigt sie sich als strenge Arbeitgeberin, die Befehle und Verordnungen ins Telefon schreit, sich unnachgiebig zeigt gegen Krankmeldungen aus dem Tanzensemble (M 165), Befehle trommelt und auch nach der Liebesnacht ganz dem *Business* verpflichtet ist (M 167). Applausvorhänge sind dafür der Erfolgsmesser – bleiben sie unter den Erwartungen wie bei der Balletttruppe, ist damit rasch der Niedergang eingeleitet, und das Publikum, das seine Gunst nur spärlich äußert oder verweigert, ist dann „eine grausame und unbegreifliche Welt, die einer Grusinskaja den großen Erfolg vorzuenthalten begann" (M 33). Körperkontrolle ist dafür eine wichtige Voraussetzung: „Die Grusinskaja veränderte sich nicht. Sie wog 96 Pfund seit ihrem achtzehnten Jahr, das war ein Teil ihres Erfolges und ihrer Möglichkeiten." (M 34) Solcherart Passagen finden sich öfter, ganz parallel zu Keuns Doris-Figur. Immer wieder überdenkt die Grusinskaja ihre Tänze bei aller Traditionsprägung auch in die innovative Richtung, weil sie weiß, dass das nötig sein wird, um sich gegen die Konkurrenz zu behaupten: „ich lebe, ich werde neue Tänze tanzen, ich werde Erfolge haben. Eine Frau, die geliebt wird, hat immer Erfolge." (M 145) So klingt das Mantra der hart erarbeiteten, mit eiserner Disziplin (M 137) erworbenen Eigenständigkeit, das die alternde Grusinskaja mit den jüngeren Girls verbindet.

---

279 Als Paradigma einer visuell modernen Massen- und Populärkultur hat dies Bertschik 2016 ausführlich beschrieben.

Das zum Erfolg passende Schönheitsideal ist ebenfalls konfektioniert, was insbesondere an der Grusinkaja demonstriert wird: „ihre Gestalt, die nur aus Gelenken zu bestehen schien, das Herzoval ihres Gesichtes blieben immer gleich" (M 34), und wo die Maßstäbe nicht mehr erfüllt werden, wird mit Gesichtslifting korrigiert, das Gaigern an ihr entdeckt. Schönheit, Tugend und Kunst werden hier zu einem Dispositiv verklammert: „Ihre Arme bewegten sich wie zuchtvolle Flügel. Ihr Lächeln unter den länglichen Lidern hervor war ein Kunstwerk für sich." (M 34) Deutlichere Anhaltspunkte für den Körperkult der 1920er Jahre kann man kaum geben; sie werden ergänzt durch den kategorischen Imperativ des Gefallens: „Wir müssen schön sein! Wir müssen vergnügt sein!" (M 38) Dazu wird begleitend das Thema des Alterns und sich Verjüngens bis zur Erschöpfung ausgereizt, so auch in der Liebesnachtdarstellung der Grusinskaja mit Gaigern.

Mode, Körperkultur und Disziplinierung werden in aller Deutlichkeit auch in Vicki Baums Autobiographie angesprochen, womit sich die Figur der Grusinskaja als Exempel erweist: Während für diese die Schönheitsoperation (namentlich das Gesichtslifting) in der direkten Darstellung des tanzenden Körpers marktrelevant ist, beschreibt die Autorin Vicki Baum das, was für beruflich erfolgreiche und in der Öffentlichkeit wirkende Frauen wichtig ist. Körperachtsamkeit ist auch hier ein Faktor, sich für den Markt fit zu machen; Vicki Baum spricht in ihrer Autobiographie über ihren Boxtrainer, der „Merkmale guter Herkunft, Bildung und Erziehung" (E 444) mit hartem Training vereinbart und sich als „Prophet der ‚Wege zu Kraft und Schönheit' versteht" (E 444). Wo dieser Trainer nicht das Besiegen anderer ermöglicht, predigt er offenbar erfolgreich, wie man sich selbst motiviert und Grenzen überwindet – was für Baum nicht als „Wettbewerbsidee", sondern als Selbstüberwindung und Steigerung gerne angenommen wird (E 444). Was hier als Haushalten mit Kräften und Ausloten eigener Möglichkeiten und Gewinn von „Selbstsicherheit" (E 445) gelobt wird, um die „leeren Batterien" (E 445) wieder aufzuladen, kann gesellschaftsweit die Grenze zum Körperkult durchaus öffnen. Dieser kommt natürlich nicht ohne Normsetzungen aus, die sich auf die Körperform beziehen, wenn auf die „langschenkligen, schlanken Wesen" verwiesen wird, die in der Ullstein-Modezeitschrift *Die Dame* abgedruckt sind und als Schönheitsideal fungieren (E 511). Die Wirklichkeit ist zwar nicht faktisch davon geprägt, die Redaktionsräume als Multiplikatoren jedoch sind „übervoll von dieser erlesenen Schönheit, Eleganz, Haltung, diesem Schimmer auf Haar, Zähnen, Haut, diesen schmalen Knöcheln und Handgelenken, diesen kleinen Händen und Füßen und schlanken Taillen." (E 512) Wieder ist an Kracauers Anmerkung zu denken, wie Journale und Kino durch ihre Darstellung Frauenbilder produzieren, ja

„züchten“[280] – die zeitgenössische Pointierung des weiblichen Schönheitsideals ist hier direkt in der Produktionsstätte zu beobachten. Natürlich gibt es auch hier Optimierungsmittel; in der Rückschau Vicki Baums verulkt *Menschen im Hotel* auch „die neueste Modetorheit“, nämlich den „aus Amerika importierten Kosmetikrummel“ (E 473). So begibt sich Baum auch zu Elizabeth Arden, „die mich prompt in eine augenbrauenlose Platinblonde verwandelte, mir streng befahl, täglich fünf Mahlzeiten auszulassen – das sei bloß Willenssache –, und mich im Handumdrehen zu einem nervösen Schatten meiner selbst niederhungerte.“ (E 512) Kosmetik und Diätvorschriften gehen eine unheilvolle Allianz ein, man ahnt die späteren, heutigen Folgen einer solchen weiblichen Ästhetik. Genaue Konterfeis des weiblichen Äußeren prägen nicht nur die Modejournale, sondern auch die zeitgenössische Erzählliteratur: Es interessiert dann nicht, wer die „Dame“ ist, die im Hoteleingang entlangflaniert, sondern die Lesenden sollen ihr Äußeres genau vergegenwärtigen können. So etwa, als die Grusinskaja auf der Bildfläche erscheint und Kringelein sie in „bodenloser Verwunderung“ devot anstarrt:

> „Die Dame hatte schwarzes glattes Haar mit einem Diadem darin, dunkelblaue, längliche Augenlider, dunkelblaue Schatten unter den Augen. Schläfen, Wangen und Kinn waren elfenbeinweiß, mit blauen Adern. Der Mund karminrot, fast lila und überaus geschwungen, in zwei starren Bogen hochgezogen, die sich zu den Nasenflügeln hinauf wölbten. Das Haar war in zwei glatten schwarzen Flügeln weit in die Wangen hineingelegt, und dort, wo es der Haut anlag, war ein Schatten von zarter Ockerfarbe äußerst künstlich hingesetzt. Die Dame sah hoch aus, obwohl sie kaum mittelgroß war, das kam (sogar Kringelein erfasste es) von den ausgeglichenen Proportionen ihres Körpers und ihres schwerelosen Ganges.“ (M 56)

Dass zuerst typisierend die äußere Erscheinung geschildert und erst einige Sätze später die Figur der Grusinskaja benannt wird, und zwar in der Wahrnehmung Kringeleins als etwas außerordentlich „Kunstvolles“ (M 57), entspricht der Oberflächenästhetik, die hier immer wieder in Szene gesetzt bzw. auch vorgeführt wird. Die Gesichtszeichnung geht dabei weit über das hinaus, was von einem Porträt des Realismus erwartet würde – es handelt sich vielmehr um eine Bildbeschreibung im kunsthistorisch-werkimmanenten Stil, der mit einer Ellipse, einer Metapher und einer Personifikation nicht zu überladen ist (vergleicht man etwa mit den expressiven Bildbeschreibungen der Kunstpublizistik um 1900), sondern eher stichwortartig das Gesicht beim Lesevorgang evozieren will. Erleichtert wird dies durch die Einfügung der Perspektive Kringeleins. Dass aber

280 Siegfried Kracauer: *Die Angestellten*, S. 65.

das Gesicht der Grusinskaja ein Teil der Fabrikation ist, wird später deutlich, als Gaigern an ihr „Schnitte in die Haut, um sie zu spannen und jünger zu machen“, entdeckt (M 158); Korrekturen also, die in dieser Zeit medizinisch in Konjunktur kamen.

Verjüngung, heute als Anti-Aging ausgeflaggt, ist auch das Thema einer Glosse, die Vicki Baum 1927 im *Uhu* veröffentlichte, einem monatlich erscheinenden, auch (typo)grafisch ambitionierten, konzeptionell von Kurt Tucholsky mit betreuten und von zahlreichen Intellektuellen bespielten Unterhaltungsmagazin des Ullstein-Verlags. Um der „schnellen Abnutzung unseres Motors“[281] entgegenzuwirken (gemeint ist der eigene Körper), würden nun etliche Anstrengungen unternommen, deren Reichweite zwar begrenzt, aber doch interessant ist: „Nur die abgenutzte Maschine kann ein wenig geputzt, entschlackt, aufgefrischt werden; und es ist sehr bezeichnend, daß gerade führende Menschen unserer Epoche, alternde Geister, deren Arbeit wichtig für die Welt ist, sich zuerst und am häufigsten entschlossen haben, ihre Kräfte nach Möglichkeit reaktivieren zu lassen.“[282]

Während hier noch Verjüngung als ein Privileg für wenige Auserwählte erscheint, lässt sich heute im Umkehrschluss der Trend erkennen, dass Weltgeltung erlangen kann, wer sich Anti-Aging-Prozeduren zu eigen macht. Hier ist es eine erst noch wachsende Zahl von Menschen, die die günstigen Behandlungen vornehmen lassen können. Als wichtiger Angriffspunkt wird nun die Produktion von Körpersäften in den Drüsen, seelische und körperliche Gesundheit durch hinreichende Produktion von Botenstoffen alias Hormonen vorgestellt – als Beispiel insbesondere die Verödung der männlichen Samenstränge (Vasoligatur) in die außensekretorische Richtung. Denn, so die Hoffnung, nach einer kurzen, unkomplizierten Operation können sich die positiven, weil gesteigerten Wirkungen der Keimdrüsen ganz und gar in die innersekretorische Richtung hin bemerkbar machen und Stimmungsaufhellungen, Motivationsschübe oder Spannkraftgewinn bewirken. In Aussicht gestellt wird damit ein „Zuwachs an Lebensfreude und Lebensmöglichkeiten“,[283] was die Autorin auch halbwegs optimistisch referiert (wenngleich mit spürbar bleibender distanzierter Erzählung). Für Frauen wird über die Einspritzung von Ovarialhormonen und Diathermiebehandlung mit Wechselstrom berichtet. Auffrischungen der Haut durch Anbringung von Gesichtselektroden

---

281 Vicki Baum: *Erfahrungen mit der Verjüngung. Ein Rundgang durch die Laboratorien einer neuen Wissenschaft.* In: Mak, S. 96–107, hier S. 97.
282 Vicki Baum: *Erfahrungen mit der Verjüngung.* In: Mak, S. 96–107, hier S. 99.
283 Vicki Baum: *Erfahrungen mit der Verjüngung.* In: Mak, S. 101.

und Stromreize sind nun möglich, ebenso das Einspritzen von Presssäften aus frischen Tierdrüsen – hier hat die Autorin die „Rolle des Versuchskaninchens" übernommen,[284] um die Versuche selbst und ihre Wirksamkeit authentisch beglaubigen zu können. Die Hoffnungen schätzt sie daraufhin moderat ein, auch hinsichtlich kosmetischer Operationen, die mit relativ wenig Aufwand nicht nur äußeren Erfolg, sondern auch positive Rückwirkung an den Seelenapparat bewirken könnten (angesichts des Skalpells schreckt die Autorin hier aber vor dem Selbstversuch zurück).

Im Vergleich zur aufklärerischen Anthropologie eines Leib-Seele-Konsortiums wird der Mensch hier noch einmal auf die materialistische Position hin überprüft – die Vicki Baum gar nicht einseitig favorisiert, sondern eher mit einer ironischen Brechung darstellt, um einerseits in zeitgenössischer Teilhabe den biochemischen Antrieb des Menschen und seiner Gefühle zu zeigen, andererseits ihn doch nicht darauf zu reduzieren.[285]

Die Prominenz des Tanzmotivs ist auch in diesem Anti-Aging-Zusammenhang zu sehen – als Diagnostik dessen, wozu der Körper noch in der Lage ist, als Fitnessgarant und natürlich als berufliches Erwerbsmittel. Die Grusinskaja figuriert vor allem die strenge Schule des klassischen Balletts, nimmt sich aber auch moderne Elemente vor, um sich wieder auf die Höhe der Entwicklungen zu bringen. Während bei ihr aber das Ballett dominiert, stellt Baum in ihrem Essay *Ballettstunde* (1926) eine „Synthese der beiden Stilformen" als das wichtigste Ziel der gegenwärtigen Tanzausbildung vor, denn: „Eine neue Generation von Tänzern und Tänzerinnen wird herangebildet, die beides können: das Ballett und den modernen Tanz."[286] Baum ist Fan von Mary Wigman (E 386, „ein unvergleichliches Ventil für Gefühle, die sonst vielleicht sauer würden", E 391), Hauptprotagonistin des Ausdruckstanzes, der als eine dritte Strömung neben dem (im Sinken begriffenen) klassischen Ballett sowie dem mechanischen Tanz der Tiller Girls in den 1920er Jahren wichtig war.[287] Auch die Grusinskaja, im klassischen Ballett ausgebildet, mäkelt gegen den automatisierten Tanz und den „Erfolg der hässlich verrenkten Tänzerinnen, die jetzt in Mode sind" (M 94). Gegen alle diese „Dilettanten" hält die Grusinskaja ein handwerklich-körperliches Ausbildungsideal und Stilempfinden hoch, mit Seitenhieb auf die Epochenbezeichnung: „Man muss tanzen, das ist

284 Vicki Baum: *Erfahrungen mit der Verjüngung*. In: Mak, S. 104.

285 Vgl. Vicki Baum: *Entlarvte Liebe. Die Chemie der Gefühle* (Uhu, 1926). In: Mak, S. 46–52.

286 *Ballettstunde. Bilder aus der Schule der Berliner Staatsoper*. Berliner Illustrierte Zeitung (1926). In: Mak, S. 53–56, hier S. 55.

287 Vgl. Gabriele Brandstetter: *Tanz-Lektüren* (1995), bes. S. 33–42, zum Begriff der Pathosformel S. 43 ff.

eine Besessenheit; so giftig ist kein Morphium und kein Kokain [...] aber es muss doch ein Mensch da sein, der tanzen kann, der weiß, was tanzen heißt, mitten in eurer hysterischen, abscheulichen Sachlichkeit." (M 147) Das Publikum, das die neuen Tänze goutiert, bekommt mit seiner „sachlichen" Stilorientierung ebenfalls einen Seitenhieb – es handle sich um „Theater voll von Verdienern und Motorenmenschen und Kriegsteilnehmern und Aktionären", gegen die sich die Grusinskaja ausdrücklich positioniert als klein, alt, kitschig und doch begehrenswert (M 148).

Arbeit an der Fitness ist diejenige Komponente, die für Grusinskaja die Jugendvorzüge ersetzen muss, welche beim kollektiven Anstarren der als Sirene gekennzeichneten Flämmchen geschildert werden: „Auch in der Halle wurde Flämmchen angestarrt. Sie war ein Prachtexemplar von Weibsperson, darüber schien kein Zweifel möglich." (M 86) Zwar wird auch die Alterslosigkeit der Grusinskaja hervorgehoben – deren „Körper war von einer tadellosen und einmaligen Schönheit. Es war der Körper einer sechzehnjährigen Ballettelevin" (M 127). Dies ist aber körperlich harter Arbeit zu verdanken, die Altersprozesse auffängt, während Flämmchen ohne weitere Anstrengung, nur mit etwas Körperpflege dem Flappertypus entspricht – zusammengenommen liegen darin die Möglichkeiten, sich auf dem Beziehungs- und Arbeitsmarkt zu behaupten. Während die Männer sich vorrangig den Leibesübungen widmen (dies wird im Roman an dem sportbesessenen Gaigern immer wieder demonstriert), ist das Anspruchsspektrum für Frauen erheblich diversifiziert, was Vicki Baum in *Kleine Ansprüche an die Frau* in der exklusiven und vielseitig orientierten Modezeitschrift *Die Dame* 1930 satirisch zusammengefasst hat. Sport umfasst die Liste auch, aber nur als einen unter vielen Punkten:

> „Sie muss weiblich sein
> Und energisch und selbständig und sie muß etwas tun,
> denn Luxustierchen mögen wir nicht mehr,
> aber sie muss natürlich Geschmack haben [...]
> und ganz einfach muß sie sein.
> Beinahe kindlich.
> Nicht zu jung, natürlich,
> am besten, wenn sie über dreißig ist, und wie einundzwanzig aussieht.
> Durch Sport eben, viel Sport, Allround Sport, und ein paar Rekorde –
> Aber ohne sich zu vermännlichen, und ohne daß Kultur und Grazie darunter leiden [...]
> Schlank muß sie bleiben – selbstverständlich.
> Wie – das ist ihre Sache.
> Eine gute Kameradin, denn der Lebenskampf ist ernst:
> Sie muß eben weiblich sein!
> Tanzen, gut aussehen, gut angezogen sein, mit Geschmack flirten können
> Und einer berühmten Filmschauspielerin ähnlich sehen.

Denn –
Kinder? Natürlich auch Kinder! Zwei zumindest
Grade als Mutter erweist sich die moderne Frau –
Neue Erziehungsmethoden, Individualpsychologie – überhaupt ist Bildung sehr wichtig [...]
Vor allem darf sie nicht unbescheiden werden, denn schön und klug und gebildet und witzig
Und fleißig und durchtrainiert und praktisch und pikant und verständnisvoll –
das ist heutzutage jede."[288]

Die Enumeration stellt einen zeitgemäßen Normkalender mit seinen Tugenden vor, die für sich und einzeln zu realisieren sind, aber schon in der Kopplung weniger geschweige denn aller Eigenschaften unvereinbar scheinen – natürlich ein Überforderungskatalog, der so plakativ wie ironisch die zeitgenössischen Konzepte pointiert, denn das Flapper-, girl- und Garçonne-Dasein reicht demnach nicht hin, Mutterschaft, „Gretchen"-Aspekte und Bildung müssen mindestens hinzukommen.

Männer haben von jener „neuen Generation junger Mädchen", wie Preysing einmal sagt, „nur eine schwache Ahnung", immerhin die, „dass diese Sorte ohne viel Aufhebens leicht für eine flüchtige Verbindung zu gewinnen sei" (M 238). Darin wird er sich gründlich täuschen, denn Flämmchen setzt die Berechnungen schließlich außer Kraft, wenn sie zunächst einmal eine eigene „umfangreiche Bilanz" wie folgt zieht:

„Kleine Schulden da und dort. Bedarf an neuer Wäsche, hübsche Schuhe – die blauen gingen nicht mehr lange. Das kleine Kapital, das notwendig war, um eine Karriere zu beginnen, beim Film, bei der Revue, Irgendwo. Flämmchen überschlug sauber ohne Sentimentalität die Chancen des Geschäftes, das ihr geboten wurde. ‚Tausend Mark', sagte sie, es kam ihr reichlich vor: Sie machte sich keine Illusionen über die Summen, die heutzutage schönen Frauen zu Füßen gelegt wurden." (M 239)

Dies gehört zum Selbstbewusstsein des Girls: eine kühle Überschlagsrechnung der Möglichkeiten, eine knappe Abwägung ohne allzu langes Überlegen, sodann der vorläufige Geschäftsabschluss mit Preysing, und entsprechend wieder eine kühle Rechnung: „Sie kannte ihren Preis. Zwanzig Mark für eine Aktaufnahme. Hundertvierzig Mark für einen Monat Büroarbeit. Fünfzehn Pfennig für eine Seite Schreibarbeit mit Durchschlag. Ein Pelzmäntelchen zu zweihundertvierzig Mark für eine Woche Hingabe." (M 308 f.) Flämmchen ist auch diejenige Figur, die Frauenrollen sehr nüchtern auf ihren monetären Wert kalkuliert:

288 In: Vicki Baum, Mak, S. 182–184.

> „Fürs Büro bin ich zu hübsch, heißt es, überall hat es Klamauk gegeben deshalb, die großen Firmen nehmen nicht gerne Mädchen, die zu gut aussehen – ist ja auch richtig. Für Mannequin bin ich zu groß, da suchen sie zweiundvierziger Figuren, höchstens vierundvierzig. Und beim Film – ich weiß nicht, was los ist. Vielleicht bin ich da nicht kokett genug. [...] Nur alt werden darf ich nicht, ich bin ja schon neunzehn, da muss man zusehen, dass es vorwärts geht. [...] Wenn man ein Jahr ohne Stellung ist, rennt auf die Filmbörse, rennt hinter Inseraten her, und die Wäsche geht kaputt, zum Anziehen hat man nichts – und man steht an den Auslagen – ich kann nichts dafür: gut anziehen, das ist mein Ideal. So glücklich wie mich ein neues Kleid machen kann, das glaubt keiner." (M 305 f.)

Die Passage ist in ihrem Jugendwahn, ihren Maß- und Modezwängen ein beklemmendes Zeugnis der Epoche. Solcherart Investment ist einerseits für sich schon genug, andererseits verspricht es, die Karriereschritte zu beschleunigen. Man kann dann die Frisur als „Zeichen" arrangieren für „Leichtsinn und Lebenskraft" (M 307) oder jene Signale aktivieren, die das anspruchsvolle Leben vorwegnehmen.

All diese Berechnungen werden aber schließlich über Bord geworfen, indem sich Flämmchen mit Kringelein zusammentut – in einer Beziehung, die sich dem Leitcode der Rentabilität entziehen wird, entdeckt sie „sich selbst, wie einen vergrabenen Schatz." (M 309) Und wird dafür mit einer Schenkung durch Kringelein belohnt, der ob ihrer Ehrlichkeit ins Stottern gerät, den normalen Rededuktus verliert und eine Sprache jenseits des buchhalterischen Kalküls spricht: „Herrgott ist das schön. Herrgott, Herrgott, ist das schön. Das gibt es, denkt unsereiner da, Herrgott, das gibt es, Wunder gibt es, Wunder" (M 307).

In der zyklischen Beschreibung des Auf und Ab von ökonomischen Kreisläufen („dass jeder Hochkonjunktur in ewigem Kreislauf unweigerlich Bankenkrach und Depression folgen"; E 472) schwingt auch das Motiv der Drehtür mit. Und wie um ihre Beschleunigung ins Bild zu setzen – „Rein, raus, rein, raus, rein, raus" notiert Ottenschlag ihre Bewegung (M 263; vgl. 331) –, zieht sich die Drehtür motivisch durch den Roman und wird sie mit Mechanometaphern ins Bild gesetzt. So etwa „schraubte sich Märzkühle in kleinen Stößen herein, so oft der Page Gäste ein- und ausließ" (M 6), oder sie „schaufelt [...] Menschen in das Hotel hinein, aus dem Hotel heraus" (M 233). Mit dem Schlusssatz „Die Drehtür dreht sich" verdoppelt sich nicht nur der Tatbestand zur banalen Tautologie, sondern es wird im dreifachen „schwingt, schwingt, schwingt" (M 332) die unendliche Lebensenergetik fasslich. Sie wird damit allegorisch lesbar als Metamorphosen-Prinzip: „Sonderbar ist es mit den Gästen im großen Hotel. Keiner verlässt die Drehtür so, wie er hereinkam." (M 328) Es zählt zu den mittlerweile gefestigten Erfahrungen der 1920er Jahre, „dass die seltsamsten Metamorphosen mit den Herrschaften vorgingen, die aus der Provinz kamen und sich kurze Zeit im Hotel aufhielten!" (M 227) Mit dem biologischen Begriff der Metamorphosen, die an Schumpeters „industrielle Mutation" erinnern, wird damit etwas Organismisches eingebracht, das dem zyklischen Drehtür-Motiv semantisch zugespielt wird. So lässt sich die Drehtür auch als Raum zwischen Leben und Tod (M 270) oder als Schicksalsrad ansprechen.[289]

Mit der Drehtür wird aber auch eine metapoetische Komponente aufgebaut, ein Prinzip der Vielansichtigkeit der sich drehenden Bilder wird hier und an anderen Stellen in Szene gesetzt und mit Lichteffekten umgeben. Die Autorin hat von einem „kaleidoskopische[n] Bau des Stückes" als Broadway-Theaterentwurf nach dem Roman gesprochen (E 474), und allgemeiner wird daraus ein Dichtungsprogramm ablesbar als Aussage über die Form und Funktion von Literatur: Die Drehtür beschleunigt Menschen und Zeichen, sie ist Lichtspielbühne, erzeugt Drehschwindel und damit einhergehend Verwandlungen, die zur Disposition auch für den Leser werden, der damit moderne Urbanität im Text mitvollzieht.[290]

Diese Realistik zeigt sich aber nicht nur in Stoffen und Problemen, sondern auch in der Darstellungsart selber, deren Erfolgsmerkmale herauszustellen sind. Journalistische Pointiertheit ist eines der Stilideale, das zeitgeistmäßig die Literatur zwischen Unterhaltung und Höhenkamm durchzieht; brennglasartig hatte dies Alfred Polgar zusammengefasst mit seiner Forderung nach „episodischer Kürze", um in der Straffung die „kürzeste Linie von Punkt zu Punkt zu suchen".[291] Vicki Baum hat nun die von Polgar bevorzugte kurze Form mannigfach erprobt in ihren feuilletonistischen Schriften, wendet das Prinzip aber auch im Roman an, der aus vielen kleinen, für sich bestehenden Erzähleinheiten einen großen Gesamtkomplex orchestriert und darin geradezu ein optimales Funktionieren an den Tag legt.[292]

---

289 Werner Fuld: *Vicki Baum: Menschen im Hotel.* In: *Romane von gestern–heute gelesen* (1989).

290 Eine Schriftstellerfigur des späteren Romans *Hotel Berlin* (1944) merkt dies so schlicht wie treffend an: „Mir gefällt dieses Hotel; es ist immer etwas los. Haufenweise Material für Novellen." (HB 94).

291 Alfred Polgar: *Die kleine Form (quasi ein Vorwort)*, in: ders.: Orchester von oben. Berlin 1926, S. 9–13, hier S. 11 f. bzw. S. 13.

292 Das Stilideal besteht abseits von der offenbar im Roman auch kritisierten Schreibweise vieler Blätter, die die Anästhetisierung durch das moderne Leben vorantreiben, wenn es über die morgendliche Zeitungslektüre einer Figur im Roman heißt: „In den Zeitungen fand er nichts, das ihn sättigte. [...] Ein Blatt schrie lauter als das andere, und zuletzt hörte man kein einziges mehr, wurde blind und taub und fühllos durch den lauten Betrieb des Jahrhunderts." (M 12 f.)

Die maximale Flexibilität des Sprachregisters ist Bestandteil dieser Technik, wenn etwa der gewandte Geschäftsmann Gerstenkorn „sich aller möglichen Dialekte“ bediente, „um ohne Umwege zu sagen, was er sagen wollte. Sächsische, berlinische, jüdische und mecklenburgische Redensarten waren das Gewürz seiner Geschäftsrede.“ (M 180) Und was mittlerweile zum urbanen Idiom der Polyphonie, der Dialekte im „Stimmendurcheinander“ (M 50) und der Reizquanten gehört, wird auch hier umgesetzt in erzählerische Mimesis nach außen und innen. Immer wieder werden die Figuren von Nervenreizen und Assoziationen durchzuckt (M 41, 47) oder wird dies in beobachtender Rede von „Nervenüberreizung“ (M 167) oder Nervosität (M 238) thematisiert. Es geht um die Menge von Assoziationen pro Satz und Seite, die nicht nur benannt wird („in diesen Sekunden ein paar rasende Gedankensprünge“ im Gehirn Gaigerns; M 41), sondern auch an bestimmten Stellen im Sekundenstil organisiert ist, bei dem die Quantität der Assoziationen zählt: „Stille. Uhrenticken. Autohupen unten vor dem Hotel. Begräbnisduft. Atmen“ (M 168), so werden die Assoziationen mitstenografiert. Dabei wird die beschleunigte Zeit mitgeformt für die Lektüre, und ebenso drückt sich dies aus in den staccatoartigen Parallelismen als prägendes Stilprinzip, mit dem auch der Telegrammstil mimetisiert wird. Unter das Reihungsprinzip fallen auch Anaphern („Er war“, „er sah“, „Er sah“, „Er hörte“, „Er roch“, „Er spürte“; M 17 f.) – solcherart syntaktische Parallelschaltungen durchziehen mit hoher Frequenz den Roman. An solchen Syntaxkonstruktionen lassen sich wiederum die Bewegungsformationen der Tiller Girls ablesen, deren tänzerischer Simultanstil dem der Arbeitsprozesse und der Satzrhythmen entspricht.

Neben den akustischen Wahrnehmungen sind es vor allem die Blickrichtungen, die die Präsenz der Ereignisse aufbauen. Sie werden von der Proxemik der Figurenbewegungen im Raum zu einem Drehbühnentheater aufgebaut, das mit Lichteffekten ausstaffiert wird – ebenso wie der ganze Roman auf abgemessene Beleuchtung setzt und seine Ereignisse zu einer filmähnlichen Bildabfolge illuminiert.

Kinematopoetik, filmisches Schreiben wird hier als interessanter, auf Marktgängigkeit kalkulierter Effekt eingesetzt, und die Autorin benennt „die kaleidoskopischen Effekte, die rasch wechselnden Kurzszenen, die Rückblenden, die Stakkato-Dialoge“ (E 538) als Mittel der Textproduktion, die dem Kino zuarbeiten sollen. Damit sich die Effekte nicht abnutzen, geht Baum weiter und nimmt sich als Skript für eine Filmfassung folgendes vor: „ein expressionistisches, gleichsam abstraktes Hotel, einen ständigen Mahlstrom der Gesichter, Gestalten, Kulissen, Telefongespräche, Klingelzeichen, Betten, Dinge“ (E 538). Dekontextualisierte Ansichten werden zusammenmontiert, die in akzeleriertem Tempo aufeinander folgen, und die Bauanleitung des Textes wird angegeben: „Ein Wirbel von Bildern rutschte ganz schnell vorbei, filmisch“ (M 140), hier mit Lichtspielen, Schatten und Schein, durch Auto- und Zimmerlampen sowie Leuchtreklamen, die das Hotelzimmer der Grusinskaja illuminieren (M 141). Mit ausgesprochen dynamischen Bildsequenzen ist auch der Versuch des Barons Gaigern dargestellt, die Juwelen der Grusinskaja zu stehlen (M 103–105), dort mit Licht- und Schatteneffekten, Reklamelichtern oder Scheinwerfern, sogar so, dass der grelle Eindruck mit Personifikationen und Warenanklang wiedergegeben wird („Die Lichtreklame gegenüber spielte, schrie Sektmarken in die Nacht“; M 110).

Das Automobil bringt extreme Beschleunigung in die Künste, und auf den Zusammenhang dieses Fortbewegungsmittels mit dem Film hat Vicki Baum klar hingewiesen – das Auto sei nämlich nicht nur Verkörperung von Geschwindigkeit selbst, sondern auch Requisit und Attribut modernen Lifestyles oder abenteuerlichen Lebens, es biete „Dramatik, Auftrieb. Mittelpunkt. Das Auto verführt, entführt, flieht, verfolgt, rast, stürzt, es zwingt dem Film sein Tempo auf“.[293] Über den Versuch, filmische Mittel im Roman einzusetzen, kommt Geschwindigkeit in die Prosa,[294] und dies geschieht nicht nur durch die rasche Taktung, sondern auch durch Personifikationen: „unten fauchten und stöhnten viele Autos wie Tiere“ (M 149 f.), „die Straße schwieg“ (M 155); „dann schrie der kleine Viersitzer“ (M 202); der Geschwindigkeitsrausch der *Speedfreaks* zeigt sich so, dass die Straße in das Auto „hineinrennt“ und der Wagen eine Stimme bekommt (M 203) – Personifikationen sind ein durchgehendes, fast übermäßig genutztes Stilmittel des Romans.

Das Spitzentempo von 118 km/h wird wiederum in der Syntax reflektiert: „Er hätte jetzt so hineinsausen mögen in etwas Schwarzes, vorwärts, los, Explosion, Zusammenstoß, hin sein mit einem Mal und aus diesem Tempo heraus!, dachte etwas in ihm.“ (M 205) Diese Erfahrung von Depersonalisation drückt sich doppelt auch in der unkontrollierten Reihungstechnik aus. Der Berichtston wird fortgesetzt: „Besorgungen gemacht. Spazierengefahren, über die Avus, in Wannsee zu Mittag gegessen. Dann geflogen“ (M 217) – so lautet der Rapport Kringeleins für Otternschlag.

---

293 Vicki Baum: *Das Auto im Film* (*Die Dame*, 1926). In: Mak, S. 43–46, hier S. 45.

294 Zur filmischen Konzeption der Romane Vicki Baums aufgrund von Serialisierung und inhaltlicher filmischer Adaptierbarkeit sowie der Suche nach intermedialer Konvergenz vgl. Andrea Capovilla 2002, hier S. 47.

Die Erfahrung von Raserei und Tempo ist seit 1900 in der Großstadtliteratur, namentlich dann in Expressionismus und Futurismus reichhaltig belegt. Hier ist es neben der Dromologie des Autos auch die von Flugtraum und Flugwirklichkeit, und zwar mit einer Dynamik, die sich in der Syntax abdrückt – die Maschine „springt, sinkt ein wenig, springt, sinkt ein wenig, springt, springt, sinkt, springt, sinkt“ (M 211); die Flugdaten werden durchgegeben („Dreihundert Meter Höhe, 180 Geschwindigkeit“, M 212), und der aeronautische Blick segmentiert Berlin von oben und produziert die Einzelbilder (M 212).

Zu den Erfolgsstrategien dieses Erzählens gehört auch der Spannungsaufbau auf der Kurzstrecke, das Pendeln der Figuren zwischen Extremlagen, aber auch die ironische Anlage, in der sich figurale und narratoriale Stimmen mischen.[295] Und so erweist sich der Roman insgesamt als gewaltige Registratur von Umweltreizen; nicht nur Hotel- und Stadtgeräusche, sondern Schreibmaschinen werden zum Übertragungsmedium und klingen „wie feines Maschinengewehrfeuer“ (M 86). Optimierung ist damit nicht nur Thema, sondern auch Metathema des Erzählens, insofern die Sache das Erzählverfahren mit prägt in der Anreicherung all jener Mittel, die über den einfachen, monoperspektivischen Realismus hinausgehen. In der Einschaltung verschiedener Dialekte, Stillagen der sprechenden Figuren oder gelegentlicher anonymer Rufe ist der Roman polyphon. In der Einschaltung des inneren Monologs (prominent M 19) und auch der erlebten Rede (u.a. M 158), zwei Formen der Bewusstseinsstimmführung, die sich immer wieder von der Erzählstimme ablösen und ein Eigenleben führen, ist er damit auch polyperspektivisch angelegt. Darüber hinaus ist das Erzählen äußerst rhythmusbewusst, die Syntax ist oft getaktet und dem Thema angepasst, bisweilen auch benannt. So wird ein Geräusch personifiziert und als Musik dargestellt, die „in Synkopen“ an den Wandspiegeln „entlanghopst“ (M 6). Dies trägt zur Dynamik des Erzählens ebenso bei wie die stilistische Mimesis zu den Figuren, ihren Stimmungen und auch Handlungen. Ergo ist es zwar technisch richtig, von „Nullfokalisierung“ zu sprechen, angemessener scheint es jedoch, eine ausgesprochen reichhaltige Polyfokalisierung zu konstatieren, mittels derer weit verstreute Erregungspotenziale eingefangen werden, um für das Lesepublikum realistische Vielfalt anzubieten.

Wie in der Vielheit der Stimmen, Geräusche und Perspektiven ist auch in der Hybridisierung verschiedener Genres ein Optimierungsrezept zu sehen – so hat Nottelmann gezeigt, dass die Erzählformeln des Enthüllungsromans, des Großstadtromans, des Kriminalromans und der

---

295 Vgl. Nottelmann 2002, S. 142.

Romanze mitsamt ironischen Brechungsvarianten, die das Geschehen zwischen Tragödie und Komödie oszillieren lassen wie ein Kinomelodram, auch die soziale Problematik mit amourösen Themen verbinden.[296] Dies entspricht weiterhin der Grundanlage des Romans in semantischen Oppositionen. Entscheidend wird formal aber die Variabilität des Fokus zwischen einer schwebenden Nullfokalisierung und wechselnden internen Fokalisierungen, die zusammen genommen Mimesis betreiben: Sie zeigen das kaleidoskopische und filmische Prinzip, um auf der Höhe der zeitgenössischen Medien effektvollere Darstellung zu leisten, weil damit das Repertoire von Erzählformen optimiert wird. Obendrein werden auch Ironiesignale eingebaut, die durch Konfrontation verschiedener Wertsysteme, Einbau von Jargonelementen oder Konfrontation mit narrativen Formelversatzstücken immer noch eine jeweils andere Einschätzung ermöglichen.[297]

Durch die formalen Steigerungen dieses Romans werden dann auch die lebensweltlichen Probleme tangibel, mithin die Frage, wieweit die einzelnen, oft zersplitterten Wahrnehmungsfetzen, Einsamkeitserscheinungen und Systemdifferenzierungen noch zu synthetisieren sind.[298] Es zeigt sich darin eben auch, wie auf der Rückseite aller sozialen Aufstiegsversprechen eine radikale Vereinzelung der Figuren zum Vorschein kommt. Es ist eben eine andere Schreibweise als diejenige von Döblins *Berlin Alexanderplatz*, wo zwar formal ähnliche Mittel greifen, die aber in erheblich längerem Bogen und mit mythologischer Grundierung kombiniert sind, dabei auch mehr stilistischen Ehrgeiz aufweisen und zugleich ohne ironische Brechung auskommen.[299]

Alle Bemühungen um narrative Weiterentwicklung zeigen gerade am Beispiel Vicki Baums auch das Bestreben nach Berufsoptimierung als Schriftstellerin. In Kooperation mit dem Ullstein-Verlag arbeitet sie an dem Aufbau der Marke „Vicki Baum“ und an dem Image der flexiblen und mit einem weiten Repertoire ausgestatteten Medienarbeiterin, die zwischen anspruchsvoller und in der Breite orientierter Kunst changiert, jedenfalls auf das Handwerkliche großen Wert legt.[300] Dies ist zwischen

---

296 Vgl. Nottelmann 2002, S. 140–195.

297 Vgl. Nottelmann 2002, S. 294, auch S. 164 ff. u.ö.

298 Nottelmann weist berechtigt auf den Zusammenhang von Kaleidoskoptechnik und Polyperspektive hin mit Blick auf die soziale Dimension der „Einsamkeit des Einzelnen in der modernen arbeitsteiligen Gesellschaft, die sich in viele Mikrokosmen oder Systeme aufteilt“ (2002, S. 300).

299 Frank/Scherer vergleichen insofern den Roman eher mit Kästners *Der Gang vor die Hunde* – dort „verstärken Mitsichten und Schnitte die Realitätseffekte ähnlich“ (2002, S. 76).

300 Vgl. Hofeneder 2022, S. 23; zum Namen der Autorin als Label Bertschik 2003.

1926–1931 eine ausgesprochen erfolgreiche Episode, bei der die Autorin genügend Erfahrungen sammelt, um nach der Emigration auch in den USA Karriere zu machen.[301] Honorarverhandlungen mit dem Ullstein-Verlag schildert die Autorin in ihren *Erinnerungen*; Summen werden genannt (auch für spätere Produkte), wobei Unterhaltungszwecke oder Komfortleistungen des Ullstein-Verlags eine wichtige Rolle spielten (E 368). Das Selbstverständnis des Verlags als populär und weltoffen beinhaltet eine bekanntermaßen starke Betonung des Unterhaltungswerts von Literatur, der wiederum zum Verdienstfaktor wird (E 368).

Für all das braucht es ein effizientes Zeitmanagement, das man sich auferlegt. Und ganz im Stil Gustav Großmanns skizziert Vicki Baum einen typischen Tagesablauf:

> „Darauf fuhren wir in die Stadt – ich in die Redaktion, mein Mann zum Opernhaus. Einige Stunden Arbeit bei Ullstein, Konferenzen, Späße, Anregungen. In der Mittagspause jagte ich zu Sabri Mahir [Baums Trainer], arbeitete mich aus, schwitzte mich sauber, fühlte mich – gerieben, massiert und aufgeladen – wie ein ausgebeintes Huhn und aß mit ihm Mittag, nach strenger Diätvorschrift.[...] Zurück zu Ullstein. Vier Stunden arbeiten, oft noch länger. Dann mit Bus oder Wagen nach Hause. Mit den Kindern spielen." (E 447)

Und so geht der Tag fort im atemlosen Staccato, einige familiäre Aktivitäten kommen hinzu, und wenn die Söhne ins Bett gebracht sind, wird ein heißes Bad genommen, um am Abend den „zweiten Tag" zu beginnen, der zum Schreiben von Romanen genutzt wird. So liest sich der Business-Plan der angehenden berühmten Autorin, verbunden mit Fitness-Elementen, einer Rezepthilfe und einem Aktionsplan, der vollkommen wettbewerbsfähig ist. Die Frage, wie man einen Bestseller produziere, ist der Autorin oft gestellt worden – die jedoch der Bitte um solche Rezepte nicht nachkommen wollte (E 562 f.). Es gehört neben den hier analysierten narratologisch-stilistischen Dingen zweifellos auch dazu, den Medienzirkel in Gang zu setzen, also solche Texte zu schreiben, die sowohl im Boulevard bzw. am Broadway als auch im Theater und erst recht im Kino ankommen (E 516). Als neue Berufsorientierung ergibt sich um 1930 dann auch, den Wechsel vom Stumm- zum Tonfilm mit entsprechenden Stoffen zu bedienen (E 517). In der Medienzirkulation eines Produkts zeigen sich unterschiedliche Nuancierungen,[302] so auch in einer Theaterfassung. Dort wurde in der Uraufführung mit Gustav Gründgens zu Beginn eine Simultanbühne gezeigt mit mehreren Telefonstimmen, die Romantext sprechen

---

301 Zur Karriere Vicki Baums in den USA vgl. Nottelmann 2002, S. 40–60.
302 Vgl. Andrea Capovilla 2002, hier S. 47.

(E 461) – ein interessantes Produkt wechselseitiger literarischer und theatraler Verfahren.

Publikumswirksame, populäre Literatur muss in besonderer Form Mitteilung machen – Spannung erzeugen, witzig sein (oder wenigstens ironisch), emotive Register ansprechen auch durch Liebeshandlungen, medial ein *Update* liefern, auf der sozialen Ebene Identifikationspotenziale geben und schließlich Partizipation ermöglichen durch Erzählstrukturen. Dazu gehören auch Anmerkungen auf der Meta-Ebene, die didaktisch-erklärend wirken: „Was im großen Hotel erlebt wird, das sind keine runden, vollen, abgeschlossenen Schicksale. Es sind nur Bruchstücke, Fetzen, Teile; hinter den Türen wohnen Menschen, gleichgültige oder merkwürdige, Menschen im Aufstieg, Menschen im Niedergang"; die Drehtür zeige keine finalen Handlungen und „nichts Ganzes" (M 321).

Erfolgsliteratur wird an diesem Punkt selbst zum Reflexionsgegenstand, wie eine Serie in der *Frankfurter Zeitung* 1931 zeigt (zu der auch Siegfried Kracauer mit einem Essay über *Erfolgsbücher und ihr Publikum* beigetragen hat). Dabei ist zu berücksichtigen, dass das Lesepublikum sich diversifiziert in bildungsbürgerliche Schichten ebenso wie in die Angestellten, weniger hier noch die Arbeiterschaft. Für die Produktion von Erfolgskunstwerken ist es notwendig, dass die Wiedererkennbarkeit von Standardisierungen, der Gebrauch von bekannten Fertigteilen und thematischen Rohstoffen schlagartig funktioniert und die Befriedigung des Vorhersagens von Verläufen garantiert – dies gemischt mit dem Raffinement des Neuen lässt sich bei Vicki Baum entdecken.[303]

303 Nottelmann 2002, S. 68, vgl. auch Nusser 1991.

Ausblick: 100 Jahre Diktatur der (Selbst-)Messung

Die krassen Widersprüche in den (Selbst-)Einschätzungen der 1920er Jahre lassen sich einerseits so skizzieren, wie Egon Erwin Kisch frenetische Begeisterung an der intensiven, energetisch geladenen Gegenwartsteilhabe äußert: „Nichts ist verblüffender als die einfache Wahrheit, nichts ist exotischer als unsere Umwelt, nichts ist phantasievoller als die Sachlichkeit. – Und nichts Sensationelleres gibt es in der Welt, als die Zeit, in der man lebt!“[304] Sensation ist Lebenselixier, es zählen die Erlebnisquanten in rascher Folge (so auch die bevorzugte Darstellungsform Kischs mit immer demonstriertem Realbezug). Dem entspricht die Beschreibung, die Georg Simmel um 1900 mit der zitierten Wendung der „Steigerung des Nervenlebens“ für die Wahrnehmungswelt Großstadt gegeben hat, dort aber nicht affirmativ, sondern durchaus kritisch gemeint.[305] Andererseits reklamiert Siegfried Kracauer „das bescheidene Recht auf die persönliche Langeweile“ als Verfügung über das eigene Leben, als Regung, die aus der Maschinerie der Alltagsgeschäfte befreien könnte, und beschreibt dagegen die ewig Handlungsbeflissenen so, als wären sie Charlie Chaplin im Räderwerk von *Modern Times*: „Immer tiefer werden diese Unglücklichen in das Getriebe hineingemengt, sie wissen zuletzt nicht mehr, wo der Kopf ihnen steht, und jene ausbündige, radikale Langeweile, die sie mit ihrem Kopf wieder vereinen könnte, bleibt ihnen ewig fern.“[306] Unter Bedingungen durchgetakteter Zeitmessung hat Walter Benjamin ebenfalls Phänomene der Dissoziation und Entfremdung beschrieben[307] und angesichts der Zunahme an Reiz- und Erlebnisquanten in der modernen Arbeit und der urbanen Unterhaltungswelt ein Zurücktreten von tiefgreifender Erfahrung registriert: „Eine ganz neue Armseligkeit ist mit dieser ungeheuren Entfaltung der Technik über die Menschen gekommen“[308] heißt es in dem Essay *Erfahrung und Armut*. Langeweile ist in dieser Welt

304 Egon Erwin Kisch: *Der rasende Reporter* (Vorwort 1. Okt. 1924); Berlin 1925, S. VIII.

305 Simmel: *Die Großstädte und das Geistesleben*, S. 119 (kursiv i.O.).

306 Siegfried Kracauer: *Langeweile* (1925), in: Das Ornament der Masse. Essays, S. 321–325, hier S. 321.

307 Walter Benjamin: *Über einige Motive bei Baudelaire*, in: GS I, S. 632.

308 Walter Benjamin: *Erfahrung und Armut*, in: GS II, S. 213–219.

der permanenten Reize und mechanisierten, durchgetakteten Erlebnisse nicht mehr erlaubt, was der Lebenshaltung des nach energetischem Treiben suchenden Einzelnen entspricht, der sich im *elan vital* entindividuiert. Dabei wäre Langeweile durchaus nötig, um anspruchsvolle Erfahrung oder Bilder zu ermöglichen, die gedanklich entwickelt werden können – sie ist dann der „Traumvogel, der das Ei der Erfahrung ausbrütetet".[309] Damit lässt sich fundierte Erfahrung abgrenzen von puren Erlebnismengen, und hier wird der Wunsch deutlich, eine Gegenzeit aufzubauen, die sich dem entfesselten Gesellschaftsbetrieb widersetzt. Im Alltag scheint man damit so umgegangen zu sein, wie es Kracauer in schöner Konkretion über Begegnungen in Kneipen oder Likörstuben beschreibt: „Man wärmt sich aneinander, man tröstet sich gemeinsam darüber, daß man der Quantität nicht entrinnen kann."[310]

Unentrinnbar ist der quantifizierende Lebensmodus vielleicht – aber immerhin haben diese Umstände eine Reihe interessanter Versuche hervorgebracht, sich hierin eben nicht einzurichten. Rilkes *Duineser Elegien* (1923) schimmern vieldeutig als denkbar weit entrückte, autopoetische Lyrik-Welt,[311] Thomas Manns *Zauberberg* (1924) wirkt als Zeitblase eigenen Rechts im Gegensatz zu einer industriell genutzten Flachland-Zeit. Auch in Musils *Mann ohne Eigenschaften* stehen am Ende solche Überlegungen – ein Roman, der im Fahrwasser von Psychotechnik (Musil ist Schüler Ernst Machs) und Soziologie zunächst intensiv über Optimierungsmöglichkeiten nachdenkt.[312] Utopie wird dort erst einmal ganz zeitgeistgemäß im Berufsleben des „exakten Menschen" bei seinen „Haupttageszeiten" der Arbeit gesehen: „Aber dieser exakte Mensch ist heute vorhanden! Als Mensch im Menschen lebt er nicht nur im Forscher, sondern auch im Kaufmann, im Organisator, im Sportsmann, im Techniker".[313] Diese Haltung in Bezug auf die Profession, dass das arbeitsteilige Lebenswerk darin zu sehen sei, dass „die persönliche Leistungsfähigkeit auf das Äußerste gesteigert ist";[314] wird in dem gewaltigen

309 Walter Benjamin: *Der Erzähler. Betrachtungen zum Werk Nikolai Lesskows*, in: GS II, S. 438–465 (Zitat S. 446).

310 Siegfried Kracauer: *Die Angestellten*, S. 96.

311 Neuerdings hierzu Christoph König, dessen „kreative Lektüren" von Rilkes *Duineser Elegien* (2023) den Aspekt aufgreifen, dass schöpferisch genutzte Zeit der gesellschaftlichen Zeit abgetrotzt werden muss.

312 Vgl. Tönsing 2021, S. 250–267, dort allerdings ohne erkennbaren Bezug auf den „anderen Zustand", sondern mit Blick auf erweitere Möglichkeiten des ausschweifenden, vielseitigen Erzählverfahrens, das die subjektive Erlebniszeit darstellen kann.

313 Musil: *Mann ohne Eigenschaften*, S. 247.

314 Musil: *Mann ohne Eigenschaften*. S. 245 f.

Romanfragment ausführlich diskutiert. Doch liegt darin auch nur eine mögliche, wenngleich alltäglich praktizierte Position, die Musil in einer groß angelegten Abschiedsgeste rekapituliert. Denn sie weicht zunächst dem Versuch des vielseitigen, sich seinen Gegenständen immer von anderen Standpunkten asymptotisch nähernden Essayismus.[315] Aber auch das ist nicht das letzte Wort, denn es steht am Ende die alternativen Wahrnehmung eines „anderen Zustands", der nicht nur religiöse, ekstatische und ästhetische Dimensionen umfasst, sondern eine emphatisch subjektiv erlebte Zeitwahrnehmung entwirft, die der modernen Nutzzeit des „weltlichen Gefühls" radikal entgegensteht und dagegen eine Ruhe des „mystischen Gefühls" verspricht.[316]

Die Grundlagen der heutigen Selbstoptimierungspraxis sind vor hundert Jahren geschaffen worden: medial mit Übertragungs- und Speichermedien, sozial durch Arbeits- und Aufmerksamkeitsverpflichtung und arbeitspsychologisch durch die entsprechenden Verpflichtungen, sich und anderen möglichst vollständig Rechenschaft zu geben über die eigene Leistung. In alldem ist die Grundlage zu finden noch für die heutigen Performance- und Commitment-Begriffe, und in den 1920er Jahren lässt sich das Forcierte dieser Bemühungen auch gepaart mit einem körperlichen, seitwärts vom Militärischen her verstärkten Einfluss sehen.

Die noch sehr persönliche Ansprache an ein sich selbst rationalisierendes Subjekt in Großmanns Ratgeber ist nunmehr einer abstrakten, dem Sicht- und Erfahrungsfeld entzogenen Adresse gewichen, letztlich dem Datenregime, für das ein Subjekt seine Selbstvermessung betreibt.[317] In einem bestimmten Punkt geht die Entwicklung aber über bloße Beschleunigung hinaus, insofern social media (vorweg beschrieben in Carl Schmitts „Schreibmaschinenstaat") dem Individuum nunmehr instantane Rechenschaftspflichten zur Mitteilung auferlegen. Kommuniziert werden muss mindestens – und zwar möglichst mit Beteuerungsgestus – die Tatsache, dass man an Selbstoptimierung arbeitet. Es geht dabei vor allem um den Sprechakt der Versicherung, dass man um Verbesserung bemüht ist, was als Selbstachtsamkeit zur neuen Pflicht geworden ist – und dies ist dann durch Zahlen, Diagramme oder Fotos zu beglaubigen. Dass diese Art Selbstoptimierung recht sorglos geschieht und in *Big-data*-Zusammenhängen verwertet wird, ist mittlerweile als Grenzgang zwischen Spiel und

315 Dazu Tönsing 2021, S. 258 ff.

316 Vgl. Musil: *Mann ohne Eigenschaften*, S. 1236: vgl. S. 1189–1196 und bes. S. 1232–1239 – es ließen sich allerdings auch hierzu weitere Alternativfolgen denken; Wagner-Egelhaaf 1989, S. 108–147.

317 Frommeld 2022, S. 45.

Terror längst in dystopischen Romanen erfasst, aber auch soziologisch als Gefahrenhorizont breit diskutiert.[318]

Es wurde gezeigt, wie durch die industriepsychologischen Studien Fords und Taylors in Kombination mit Aufschreibmedien in Ost und West die Grundlage für eine industrielle Fremd- und Selbsterfassung geschaffen wurde, die bis heute trägt, und zwar noch einmal beschleunigt durch das massenhafte und unabsehbar schnelle Prozessieren von Daten, neuerdings auch für eine breite Öffentlichkeit nutzbar durch KI. Der Datenhunger der Nachrichtendienste ist hier längst hinter die finanziellen Interessen eines privat- und globalwirtschaftlichen Datenkapitalismus zurückgetreten und hat eine Entwicklung genommen, deren Dynamik nicht mehr umkehrbar sein dürfte.

Die Frage, woher die Lust an der bürokratischen Selbstunterwerfung rührt, ist Gegenstand neuer soziologischer Forschung geworden: Die Manie des Quantifizierens, der Wertstellung in Tabellen, Diagrammen oder Quartalsberichten hat etwa David Graeber eindringlich beschrieben.[319] Und bei allem Bemühen um ausgewogene Diagnostik fällt die Diagnose doch drastisch aus: „Die ‚Selbstoptimierungs'-Philosophie, aus der diese neue bürokratische Sprache zum großen Teil entlehnt ist, beharrt darauf, dass wir in einer zeitlosen Gegenwart leben, dass Geschichte bedeutungslos ist, dass wir uns die umgebende Welt durch die Kraft unseres Willens selbst erschaffen. Das ist eine Art von individualistischem Faschismus."[320]

Damit wird sehr deutlich der Umschlag des individuellen Anspruchshorizontes in das Terrorisieren der Umwelt gekennzeichnet. Der Trend zur Selbstoptimierung hat sich, finanzielle Grundsicherung einmal vorausgesetzt, zu einer ästhetischen Veranstaltung gewendet und damit einhergehend zu einer Serie von Kleinkulten, bei denen insbesondere Sport, Gesundheit und Essen zu Glaubensangelegenheiten avancieren und mit pseudoreligiösem Eifer verfochten werden. Diese Bereiche spielen wiederum der Selbstachtsamkeit zu, die eine gesteigerte Variante der traditionellen Selbstreflexion darstellt, ja ein Merkmal der gesellschaftlichen

318 Vgl. mit Hinweisen dazu Köhnen 2018, S. 217–232.

319 Vgl. Graeber: *Bürokratie*, 2017, S. 52 f. Zu den zentralen Einsichten seiner kritischen Bürokratietheorie gehört, dass einmal vorhandene Regulierungsformen und -zwänge nicht zurücknehmbar sind, sondern stets systemisch gesteigert werden und dort nicht abnehmende, sondern stets zunehmende Energie investiert wird. Auch und gerade auf Marktliberalität trifft dies zu, da dort nicht weniger, sondern mehr juristischer Regelungsbedarf entsteht, der noch einmal durch einen neuen Anspruchsindividualismus verstärkt wird.

320 Graeber: *Bürokratie*, S. 46.

Distinktion bildet. Im Horizont eines kulturellen Kapitalismus sieht Andreas Reckwitz die gesteigerte Selbstbezüglichkeit des zeitgenössischen Subjekts, das seinen Lebensstil geradezu kuratiert wie einen Ausstellungsgegenstand – und so performen sich unabsehbar viele Singularitäten, die nicht nur allesamt Ausnahmestatus beanspruchen, sondern damit auch ein Publikum gewinnen wollen. Im Unterschied zum fin de siècle um 1900 mit seinen wenigen elitären Lebenskünstlerzirkeln sucht nun der Selbstkult überall Publizität und nutzt jedwede Medienverbreitung, um Aufmerksamkeit zu erlangen. Reckwitz beschreibt diesen neuen Konkurrenzkampf für die Gegenwart:

> „Die allgegenwärtigen sozialen Medien mit ihren Profilen sind eine der zentralen Arenen dieser Arbeit an der Besonderheit. Das Subjekt bewegt sich hier auf einem umfassenden sozialen Attraktivitätsmarkt, auf dem ein Kampf um Sichtbarkeit ausgetragen wird, die nur das ungewöhnlich Erscheinende verspricht."[321]

Hinsichtlich der Selbstachtsamkeit ist hinzuzufügen: Sie ist moralisch bedingt durch Selbstkontrolle als eigenständige Funktion, institutionell durch Angaben gegenüber den Versicherungen, politisch durch Einhaltung von verinnerlichten, handlungsleitenden Normen und schließlich sozial durch die Mitteilungsverpflichtung der eigenen Daten an eine Gemeinschaft. Dies zunächst insofern, als Selbstvermessungen und Körperumwandlungen ein „gesellschaftlich eingefordertes Transformationsmuster" darstellen, das innerhalb von Normgrenzen eingehalten werden soll und in einer schönen neuen „Bildergesellschaft" aufgebaut wird,[322] für die das Ikonische nunmehr vor allem aus Vorher-Nachher-Fotografien digitaler Waagen- oder sonstiger Anzeigeflächen von Körperdaten besteht, welche über social media zu kommunizieren sind. Die permanente Meldepflicht von eigenen Körperdaten hat die Funktionen des phatischen Stimmfühlungslautes und der sozialen Teilhabe.

Vernunftbasierte Selbstverhältnisse, solche jedenfalls, die aspirativ auf Kontinuität und Kohärenz einer zu erlangenden personalen und sozialen Identität abzielen und auf dem „Erzählen von Geschichten" basieren,[323] scheinen dagegen nicht mehr angesagt – jedenfalls wenn man die gängige Praxis der Datenmeldungen anschaut oder jene Apostel der Disruption befragt, die eine Selbstentwicklung nach dem Markt für unbedingt klug halten.[324] Kommunikation als Selbstzweck scheint aber in dieser Sicht die

321 Andreas Reckwitz: *Singularitäten*, S. 9 f.
322 Debora Frommeld: *Vom guten Leben in einer Bildergesellschaft*, S. 44.
323 Jürgen Straub: *Identität* (2011), S. 286.
324 Vgl. Christoph Keese 2022.

ultima ratio geworden zu sein – das Maximum an Datendurchsatz ist in dieser Sicht Qualität und gewichtiger Bestandteil einer kommunikativ verflüssigten Identität geworden. Das Thema solcher Proklamationen, Mitteilungen und Bekenntnisse ist selbst oft wieder: Selbstachtsamkeit, die zum vorrangigen Inhalt wird. Wer nur die meisten Daten von sich veröffentlicht, gilt als ehrlich, offen, authentisch und demonstriert damit die Kompetenz zur Selbstachtsamkeit im vollsten Sinn. Die Anzahl an Clicks und Likes oder Kommentaren stellt insofern die neue Währung dar, mit der individuelles Lob auf Massenplattformen bezahlt wird.[325] In diesem Belohnungssystem lässt sich das Ich radikal vergesellschaften.

---

325 Vgl. Vgl. Frommeld: *Vom guten Leben*, S. 35S. 35 (handfest monetär sind hingegen Bonus- oder Maluspunkte bei Versicherungsprämien; vgl. ebd., S. 46S. 46).

Literatur

Siglen

Irmgard Keun:

G = Gilgi – eine von uns. Berlin: Ullstein 2023.

KM = Das kunstseidene Mädchen. Berlin: Ullstein 2023.

Vicki Baum:

M = Menschen im Hotel (1929). Köln: Kiepenheuer & Witsch 2022.

HB = Hotel Berlin (1944). Aus dem Amerik. von Grete Dupont. Berlin: Klaus Wagenbach 2021.

E = Es war alles ganz anders. Erinnerungen [autobiogr. Fragment, zusammengestellt und hrsg. von Ruth Lert]. Köln: Kiepenheuer & Witsch 2019.

Mak = Makkaroni in der Dämmerung. Feuilletons. Hg. von Veronika Hofeneder. Wien: Edition Atelier 2018.

Erich Kästner:

F = Der Gang vor die Hunde [Fabian, 1931]. Hg. von Sven Hanuschek. Zürich: Atrium 2013.

Alberti, Leone Battista. Vom Hauswesen. Edited by Walter Rüegg. Zürich and Stuttgart 1962.

Adorno, Theodor W.: Standort des Erzählers im zeitgenössischen Roman. In: Noten zur Literatur. Gesammelte Schriften Bd. 11, hg. von Rolf Tiedemann. Frankfurt a.M. 1974, S. 41–48.

Ankum, Katharina von: Karriere – Konsum – Kosmetik. Zur Ästhetik des weiblichen Gesichts. In: Claudia Schmölders/Sander L. Gilman (Hg.): Gesichter der Weimarer Republik. Eine physiognomische Kulturgeschichte. Köln 2000, S. 175–190.

Ankum, Katharina von: Material Girls: Consumer Culture and the "New Woman" in Anita Loos' *Gentlemen prefer blondes* an Irmgard Keun's *Das kunstseidene Mädchen*. In: Colloquia Germanica 1994, 27/2, S. 159–172.

Arend, Stefanie/Ariane, Martin (Hg.): Irmgard Keun 1905/2005. Deutungen und Dokumente. Bielefeld 2005.

Barndt, Kerstin: Engel oder Megäre. Figuration einer „Neuen Frau" bei Marieluise Fleißer und Irmgard Keun. In: Maria E. Müller/Ulrike Vedder (Hg.): Reflexive Naivität. Zum Werk Marieluise Fleißers. Berlin 2000, S. 16–34.

Barthes, Roland: Die Sprache der Mode. Frankfurt a.M. 2007.

Becker, Sabina/Weiß, Christoph (Hg.): Neue Sachlichkeit im Roman. Neue Interpretationen zum Roman der Weimarer Republik. Stuttgart/Weimar 1995.

Becker, Sabina: Neue Sachlichkeit im Roman. In: dies./Christoph Weiss (Hg.): Neue Sachlichkeit im Roman. Neue Interpretationen zum Roman der Weimarer Republik. Stuttgart/Weimer 1995, S. 7–26.

Becker, Sabina: Die literarische Moderne der zwanziger Jahre. Theorie und Ästhetik der Neuen Sachlichkeit. In: Internationales Archiv für Sozialgeschichte der deutschen Literatur 27 (2002), S. 73–95.

Benjamin, Walter: Gesammelte Schriften. Hg. von Rolf Tiedemann and Hermann Schweppenhäuser. Frankfurt a.M. 1974.

Berghaus, Günter: "Girlkultur"—Feminism, Americanism and Popular Entertainment in Weimar Germany. Journal of Design History, März 1988, 1(3 and 4), S. 193–219.

Bertschik, Julia: „Ihr Name war ein Begriff wie Melissengeist oder Leibnizkekse". Vicki Baum und der Berliner Ullstein Verlag. In: Autorinnen der Weimarer Republik. Hg. von Walter Fähnders und Helga Karrenbrock. Bielefeld 2003, S. 119–136.

Bertschik, Julia: Mode in der Literaturwissenschaft. Eine literaturwissenschaftliche Bestandsaufnahme. In: Die Wissenschaften der Mode. Hg. von Gudrun M. König/Gabriele Mentges/Michael R. Müller. Bielefeld 2015, S. 97–114.

Bertschik, Julia: Mode und Moderne. Kleidung als Spiegel des Zeitgeistes in der deutschsprachigen Literatur (1770–1945). Köln/Weimar/Wien 2005.

Bertschik: „Theme for Ballet". Performativität als Kunst- und Lebenskonzept Vicki Baums. Text + kritik: Vicki Baum. H. 235, (2022), S. 62–70.

Blume, Gesche: Irmgard Keun. Schreiben im Spiel mit der Moderne. Dresden 2005.

Bochow, Jörg: Das Theater Meyerholds und die Biomechanik. Berlin 1997.

Bogdanow, Alexander. Allgemeine Organisationslehre: Tektologie. Bd. 1. Berlin 1926.

Bovenschen, Silvia: Die imaginierte Weiblichkeit. Frankfurt a.M. 1984.

Brandstetter, Gabriele: Tanz-Lektüren. Körperbilder und Raumfiguren der Avantgarde. Frankfurt a.M. 1995.

Brück, Christa Anita: Schicksale hinter Schreibmaschinen. Roman. Berlin 1930 (Neudruck Berlin 2012).

Bücher, Karl: Arbeit und Rhythmus (1902). Leipzig [5]1919.

Burckhardt, Jacob: Kultur der Renaissance in Italien (1860). Frankfurt a.M. 2009.

Butler, Judith: Körper von Gewicht. Die diskursiven Grenzen des Geschlechts. Berlin 1995 (Bodies that matter: on the discursive limits of "sex", 1993).

Capovilla, Andrea: Vicki Baum und der Film. Text + kritik: Vicki Baum. H. 235, (2022), S. 45–52.

Connell, Raewyn: Der gemachte Mann. Konstruktion und Krise von Männlichkeiten. Wiesbaden [4]2015.

Cotrugli, Benedetto: Della mercatura et del mercante perfetto. Hg. von Francesco Patritio, Venedig 1573; Neuausgabe: Benedetto Cotrugli: Libro de l'arte de la mercatura. Hg. von Vera Ribaudo. Venedig 2016.

Cowan, Michael/Sicks, Kai Marcel (Hg.): Leibhaftige Moderne. Körper und Kunst in Massenmedien 1918–1933. Bielefeld 2005.

Crary, Jonathan: Techniken des Betrachters. Sehen und Moderne im 19. Jahrhundert (Techniques of the observer, 1990). Dresden/Basel 1996.

Delabar, Walter: Linke Melancholie? Erich Kästners Fabian. In: Verkehrsformen und Schreibverhältnisse. Medialer Wandel als Gegenstand und Bedingung von Literatur im 20. Jahrhundert. Hg. von Jörg Döring u.a. Opladen 1996, S. 15–34.

Delianidou, Silena: Erich Kästners neusachlicher Roman Fabian. Die Geschichte eines Moralisten (1931) als (wirtschafts-)politische Literatur. In: Christine Lubkoll/ Manuel Illi/Anna Hampel (Hg.): Politische Literatur. Begriffe, Debatten, Aktualität. Abhandlungen zur Literaturwissenschaft. Stuttgart 2018, S. 183–198.

Detering, Heinrich: Les Vagabondes. Le Retour des Héroines picaresques dans le Roman Allemand. In: Etudes Littéraires 26, 1993/1994. H. 3, S. 29–43.

Deupmann, Heinrich: Die Angestellten, der Glanz und das Kino. Zu Irmgard Keuns Romanen „Gilgi" und „Das kunstseidene Mädchen". In: Text + kritik H. 183 (2009), S. 15–25.

Döblin, Alfred: Futuristische Worttechnik. Offener Brief an F.T: Marinetti. In: ders.: Schriften zu Ästhetik, Poetik und Literatur. Hg. von Erich Kleinschmidt. Olten/Freiburg i.Br. 1989, S. 113–119.

Döblin, Alfred: Berlin Alexanderplatz (1929). München 2006.

Drescher, Barbara: Die „Neue Frau". In: Walter Fähnders/Helga Karrenbrock (Hg.), Autorinnen der Weimarer Republik. Bielefeld 2003. S. 163–186.

Eitner, Ernst/Egon, Karpelis: Kosmetische Therapie. Berlin/Wien 1932.

Ellis, Breat Easton: American Psycho (1991). Deutsch von Clara Drechsler u. Harald Hellmann. Köln [35]2004.

Fleig, Anne: Das Tagebuch als Glanz. Sehen und Schreiben in Irmgard Keuns Roman „Das kunstseidene Mädchen“. In: Arend Martin (Hg.) 2005, S. 45–60.

Ford, Henry: My life and work (mit Samuel Crowther). Garden City/ N.Y. 1922.

Ford, Henry: Today and tomorrow (mit Samuel Crowther). Garden City/ N.Y. 1926. Dt.: Das große Heute – das größere Morgen. Leipzig [21]1926.

Foucault, Michel: Sexualität und Wahrheit, Bd. 1–3. Frankfurt a.M. 1977–1986.

Foucault, Michel: Andere Räume. In: Aisthesis. Wahrnehmung heute oder Perspektiven einer anderen Ästhetik, Hg. von Karlheinz Barck u.a. Leipzig 1992, S. 34–46.

Foucault, Michel: Überwachen und Strafen. Frankfurt a.M. 1995 (Surveiller et punir, 1975).

Frank, Gustav/Scherer, Stefan: Textur der synthetischen Moderne (1925–1955). (Döblin, Lampe, Fallada, Langgässer, Koeppen). In: Moritz Baßler/Hubert Roland/Jörg Schuster (Hgg.): Poetologien deutschsprachiger Literatur 1930–1960. Kontinuitäten jenseits des Politischen. Berlin/Boston 2016, S. 77–104.

Frank, Gustav/Scherer, Stefan: Umrisse eine Poetik der Globalen Synthese. In: Text + kritik, H. 235 (2022), S. 71–80.

Frank, Gustav: Populärkultur, Girlkultur und neues Wissen in der Zwischenkriegszeit. In: Text + kritik, H. 183 (2009), S. 35–46.

Frommeld, Debora: Vom guten Leben in einer Bildergesellschaft. Selbstoptimierung und Selbstvermessung als Kennzeichen moderner Gesellschaften. In: Optimierung des Selbst. Konzepte, Darstellungen und Praktiken. Hg. von Loreen Dalski u.a. Bielefeld 2022, S. 29–51.

Fuld, Werner: Vicki Baum: Menschen im Hotel. In: Romane von gestern – heute gelesen. Band 2 (1918–1933). Hg. von Marcel Reich-Ranicki. Frankfurt a.M. 1989.

Fülöp-Miller, René: Geist und Gesicht des Bolschewismus. Darstellung und Kritik des kulturellen Lebens in Sowjet–Russland, Zürich/Leipzig/ Wien 1926.

Gabius, Peter: Denkö̈konomie und Energieprinzip. Berlin 1913.

Gastev, Aleksej: Über die Tendenzen der proletarischen Kultur (1919). In: Proletarische Kulturrevolution in Sowjetrußland (1917–1921), hg. von R. Lorenz. München 1969, S. 57–64.

Gastev, Aleksej: Poesie des Hammerschlags. Hg. von Hans Christian von Herrmann/Wladimir Velminski. Berlin 2025 (im Druck).

Geyer, Dietrich: Das russische Imperium. Von den Romanows bis zum Ende der Sowjetunion. Berlin/Boston 2020.

Giese, Fritz. Psychoanalytische Psychotechnik. Grundzüge der praktischen Psychologie. Leipzig/Wien/Zürich 1924.

Giese, Fritz: Theorie der Psychotechnik. Braunschweig 1925.

Giese, Fritz. Girlkultur. Vergleiche zwischen amerikanischem und europäischem Rhythmus und Lebensgefühl. München 1925.

Giese, Fritz. Methoden der Wirtschaftspsychologie. Berlin 1927.

Goldscheid, Rudolf. Entwicklungswerttheorie, Entwicklungsökonomie, Menschenökonomie. Eine Programmschrift. Leipzig 1908.

Graeber, David: Bürokratie. Die Utopie der Regeln. München 2017 (The Utopia of Rules. On Technology, Stupidity, and the Secret Joy of Bureaucracy, 2015).

Großmann, Gustav. Sich selbst rationalisieren (1927): Wesen und Praxis der Vorbereitung persönlichen und beruflichen Erfolgs. Stuttgart/Wien ⁴1929.

Grunert, Frank/Kimmich, Dorothee (Hg.): Denken durch die Dinge. Siegfried Kracauer im Kontext. München 2009.

Hahnemann, Andy/Björn, Weyand: Faszination. Zur Anziehungskraft eines Begriffs. In: dies. (Hg.): Faszination. Historische Konjunkturen und heuristische Tragweite eines Begriffs. Berlin, Frankfurt a.M. u.a. 2009, S. 7–32.

Hanuschek, Sven: „Keiner blickt dir hinter das Gesicht“. Das Leben Erich Kästners. München dtv ²2010.

Hanuschek, Sven: Der Gang vor die Hunde – die Urfassung des Fabian. Nachwort zu Erich Kästner: Der Gang vor die Hunde. Zürich: Atrium ¹²2013, S. 275–310.

Hau, Michael/Ash, Mitchell G.: Der normale Körper, seelisch erblickt. In: Gesichter der Weimarer Republik. Eine physiognomische Kulturgeschichte. Hg. von Claudia Schmölders/Sander Gilman. Köln 2000, S. 12–31.

Hausen, Karin: Wirtschaften mit der Geschlechterordnung. Ein Essay. In: dies. (Hg.): Geschlechterhierarchie und Arbeitsteilung. Zur Geschichte ungleicher Erwerbschancen von Männern und Frauen. Göttingen 1993, S. 40–70.

Helduser, Urte: Sachlich, seicht, sentimental. Gefühlsdiskurse und Populärkulturin Irmgard Keuns Romanen „Gilgi – eine von uns“ und „Das kunstseidene Mädchen“. In: Arend/Martin (2005), S. 13–27.

Helmholtz, Hermann von: Handbuch der physiologischen Optik. Leipzig 1867 (Gesamtausgabe von Teil 1/1856 und Teil 2/1860 und Teil 3/1866).

Herrmann-Philippi, Tatjana: Das Hotel als heterotopischer Ort. Hotelromane des 20. Jahrhunderts aus komparatistischer Perspektive. Saarbrücken (Diss.) 2021.

Hintermayr, Michaela Maria: Suizid und Geschlecht in der Moderne. Berlin/Boston 2022.

Hofeneder, Veronika: Die Medienarbeiterin – Vicki Baum und die Presse. In: Text + kritik H. 235 (2022), S. 20–27.

Hofeneder, Veronika: Vom Schreiben, Tanzen, Musizieren – Vicki Baums feuilletonistische Betrachtungen künstlerischer Ausdrucksformen. In: Hildegard Kernmayer/Simone Jung (Hg.): Feuilleton. Schreiben an der Schnittstelle zwischen Journalismus und Literatur. Bielefeld 2017, S. 217–236.

Horkheimer, Max/Adorno, Theodor W.: Dialektik der Aufklärung (1947). In: Theodor W. Adorno: Gesammelte Schriften, hg. von Rolf Tiedemann. Darmstadt 1998, Bd. 3.

Hung, Jochen: The Modernized Gretchen: Transformations of the "New Woman" in the late Weimar Republic. In: German History 33(1), 2015, S. 52–79.

Jürgs, Britta: Neusachliche Zeitungsmacher, Frauen und alte Sentimentalitäten. Erich Kästners Roman „Fabian. Die Geschichte eines Moralisten". In: Becker Weiß (1995), S. 195–211.

Kahn, Fritz. Das Leben des Menschen: Eine volkstümliche Anatomie, Biologie, Physiologie und Entwicklungsgeschichte des Menschen (5 Bd.). Stuttgart 1922–1931.

Karpelis, Egon: Kosmetik des Alterns. In: Die Bühne Nr. 144 (1927), S. 55.

Karpelis, Egon: Sind die üblichen Haarprozeduren schädlich? In: Die Bühne Nr. 140 (1927), H. 140, S. 38.

Kassel, Brigitte: Das Geschlecht der Qualifikation ist männlich. Ausbildung und Qualifikation in der Metallindustrie vor 1930. In Karin Hausen (Hg.): Geschlechterhierarchie und Arbeitsteilung. Zur Geschichte ungleicher Erwerbschancen von Männern und Frauen. Göttingen 1993, S. 125–146.

Keck, Annette: „Vater unser, mach mir doch mit einem Wunder eine feine Bildung – das übrige kann ich ja selbst machen mit Schminke". Nachwort zur Taschenausgabe Das kunstseidene Mädchen. Berlin: Ullstein 2023, S. 221–228.

Keese, Christoph: Disrupt yourself. Vom Abenteuer, sich in der digitalen Welt neu erfinden zu müssen. München: Penguin 2022.

Kiesel, Helmut: Erich Kästner. München 1981.

Kisch, Egon Erwin: Der rasende Reporter. Berlin 1925.

Kittler, Friedrich: Aufschreibesysteme 1800/1900. München ^{2}1987.

Kittler, Friedrich: Grammophon Film Typewriter. Berlin 1987.

Klier, Franz: Schön, schlank und jung bleiben! Wien u. Breslau 1927.

Köhnen, Ralph. Selbstoptimierung: Eine kritische Diskursgeschichte des Tagebuchs. Berlin/Frankfurt a.M. 2018.

König, Christoph: Kreativität. Lektüren von Rilkes „Duineser Elegien". Göttingen 2023.

Kracauer, Siegfried. Das Ornament der Masse (1927). In: ders.: Das Ornament der Masse. Essays. Frankfurt a.M. [14]2021.

Lenin, Wladimir I.: Staat und Revolution (1917). Berlin [15]1970.

Lethen, Helmut: Neue Sachlichkeit 1924–1932: Studien zur Literatur des „Weißen Sozialismus". Stuttgart 1970.

Lethen, Helmut: Der Habitus der Neuen Sachlichkeit in der Weimarer Republik. In: Literatur der Weimarer Republik 1918–1933, hg. von Bernd Weyergraf. München 1995, S. 371–445.

Link, Jürgen: Versuch über den Normalismus. Wie Normalität produziert wird. Opladen [4]2009.

Lutz, Daniel: Alles ist schon da. Effekte der Präsenz bei Irmgard Keun. In: Text + kritik H. 183/2009, S. 26–34.

Mackenzie, Michael: The Athlete as Machine: A Figure of Modernity in Weimar Germany. In: Cowan, Michael/Sicks Kai Marcel (2005), S. 48–62.

Martin, Ariane: Kultur der Oberfläche, Glanz der Moderne. Irmgard Keuns Roman Das kunstseidene Mädchen (1932). In: Deutschsprachige Romane der klassischen Moderne. Hg. von Matthias Luserke-Jacqui. Berlin/Boston 2008, S. 349–367.

Mejerchol'd [Meyerhold], Vselvolod: Der Schauspieler der Zukunft und die Biomechanik (1922). In: Theater im 20. Jahrhundert. Programmschriften, Stilperioden, Reformmodelle. Hg von Manfred Brauneck. Reinbek bei Hamburg, S. 248–251.

Mensendieck, Bess M.: Körperkultur der Frau. Praktisch hygienische und praktisch ästhetische Winke. München: Bruckmann 1920.

Mohr, Joachim/Patalong, Frank/Schnurr, Eva-Marie (Hg.): Deutschland in den Goldenen Zwanzigern. München 2021.

Münsterberg, Hugo: Psychologie und Wirtschaftsleben. Ein Beitrag zur angewandten Experimental–Psychologie. Leipzig 1912.

Münsterberg, Hugo. Psychology and Industrial Efficiency. Boston and New York: Houghton Mifflin Company, 1913.

Münsterberg, Hugo: Grundzüge der Psychotechnik (1914). Leipzig [2]1920.

Musil, Robert: Der Mann ohne Eigenschaften. Neue, durchgesehene und verbesserte Ausgabe. Reinbek bei Hamburg 1978.

Nietzsche, Friedrich: Werke in 3 Bd. Hg. von Karl Schlechta. München [2]1960.

Nottelmann, Nicole: Die Karrieren der Vicki Baum. Eine Biografie. Köln 2007.

Nottelmann, Nicole: Strategien des Erfolgs. Narratologische Analysen exemplarischer Romane Vicki Baums. Würzburg 2002.

Nusser, Peter: Trivialliteratur, Stuttgart Metzler 1991.

Pankau, Johannes: Einführung in die Literatur der Neuen Sachlichkeit. Darmstadt 2010.

Pollak, Marianne: Soziale Kosmetik. Die äußere Erscheinung im Kampf ums Dasein. In: Die Frau. Sozialdemokratische Monatsschrift für Politik, Wirtschaft, Frauenfragen, Literatur. 39/7 (1930), S. 9 f.

Preiß, Ernst: Neue Wege der Körperkultur. Stuttgart 1926.

Quetelet, Adolphe: Über den Menschen und die Entwicklung seiner Fähigkeiten oder Versuch einer Physik der Gesellschaft. Stuttgart 1838.

Reckwitz, Andreas: Die Gesellschaft der Singularitäten. Zum Strukturwandel der Moderne. Berlin 2017.

Rieger, Stefan. Die Individualita ̈t der Medien: Eine Geschichte der Wissenschaften vom Menschen. Frankfurt a.M. 2001.

Rieger, Stefan: Arbeit an sich: Dispositive der Selbstsorge. In Anthropologie der Arbeit, hg. von Ulrich Bro ̈ckling and Eva Horn. Tübingen 2002, S. 79–96.

Rosenstein, Doris: „Mit der Wirklichkeit auf du und du?“ Zu Irmgard Keuns Romanen „Gilgi, eine von uns“ und „Das kunstseidene Mädchen“. In: Becker/Weiss (1995), S. 273–290.

Rudlof, Matthias: Kritische Reflexion und/oder Reproduktion von Macht? Hegemoniale Männlichkeit und Heteronormativität im Doing Gender männlicher Sozialarbeiter. In: Jutta Hartmann u.a. (Hg.): Heteronormativität. Empirische Studien zu Geschlecht, Sexualität und Macht. Wiesbaden 2007, S. 171–188.

Schlögel, Karl: American Matrix. Besichtigung einer Epoche. München 2023.

Schlögel, Karl: Das sowjetische Jahrhundert. Archäologie einer untergegangenen Welt. München 2022.

Schmitt, Carl: Die Buribunken. Ein geschichtsphilosophischer Versuch (1918). In: Summa. Eine Vierteljahresschrift. 1918, H. 4, S. 89–106 (Neudruck in: Friedrich Kittler: Grammophon Film Typewriter. Berlin 1986, S. 334–351).

Schrage, Dominik: Standardisierung und Konsum: technisch, ökonomische und soziale Prozesslogiken am Beispiel des Massenkonsums. In: Unsichtbare Hände. Automatismen in Medien-, Technik- und

Diskursgeschichte. Hg. von Hannelore Bublitz/Irina Kaldrack. München 2011, S. 171–190.

Schüller, Liane: „Gepflegt ist mehr als hübsch – es ist eignes Verdienst". Körperdesign in Irmgard Keuns „Gilgi, eine von uns". In: Walter Delabar u.a. (Hg.): Das riskante Projekt. Band 2: Die Moderne und ihre Bewältigung 1890–1940. Bielefeld 2015, S. 35–58.

Schüller, Liane: Vom Ernst der Zerstreuung. Schreibende Frauen am Ende der Weimarer Republik: Marieluise Fleißer, Irmgard Keun und Gabriele Tergit. Bielefeld 2005.

Schumpeter, Joseph A.: Kapitalismus, Sozialismus und Demokratie (1950). München [5]1980, S. 134–142.

Sennett, Richard: Der flexible Mensch. Die Kultur des neuen Kapitalismus. Berlin 1998.

Sicks, Kai Marcel: Der Querschnitt oder: Die Kunst des Sporttreibens. In: Cowan Sicks (Hg.) 2005, S. 34–47.

Simmel, Georg: Soziologische Ästhetik. Darmstadt 1998, hg. von K. Lichtblau. Die Bedeutung des Geldes für das Tempo des Lebens (1897), S. 93–110; Die Großstädte und das Geistesleben (1903, S. 119–133).

Soden, Kristine von/Schmidt Maruta (Hg.): Neue Frauen. Die zwanziger Jahre. Berlin 1988.

Spiekermann, Uwe: Blondinen zur Zeit des Nationalsozialismus – das Haarfärbeshampoo Nurblond. https://uwe-spiekermann.com/2021/02/15/blondinen-zur-zeit-des-nationalsozialismus-das-haarfaerbeshampoo-nurblond/#comments (18.04.2024).

Stockinger, Claudia: „daß man mit ein bißchen Nachdenken sich vieles selber erklären kann". Irmgard Keuns Verfahren der reflektierten Naivität. In: Text + kritik 183 (2009), S. 3–15.

Stone, Brangwen: Gender and Self-Optimization in Irmgard Keun's *Gilgi. Eine von uns* and Das kunstseidene Mädchen. In: Thorsten Carstensen (Hg.) 2024

Straub, Ju̇rgen: Rationalising Life by Means of Self-optimisation: The Obsessive-compulsive Excess of Gustav Großmann: A Striking Example for the Rationalistic Bookkeeper-personality. In: Lost in Perfection: Impacts of Optimisation on Culture and Psyche. Hg. von Benigna Gerisch/Vera King/Hartmut Rosa. London and New York 2018, S. 153–188.

Straub, Jürgen: Identität. In: Handbuch der Kulturwissenschaften. Grundlagen und Schlüsselbegriffe. Hg. von Friedrich Jaeger/Burkhard Liebsch. Stuttgart/Weimar 2011, S. 277–303.

Swiderski, Carla: Die Erstrezeption von Irmgard Keuns Roman „Gilgi – eine von uns" In: Literatur und bürgerliche Frauenbewegung im Kaiserreich und in der Weimarer Republik. Hg. von Dirk Hempel. Hamburg 2010, S. 183–197.

Tafreshi, Donna: Adolphe Quetelet and the Legacy of "Average Man". In: History of psychology, Nr. 25 (2022), S. 34–55.

Taylor, Frederick W. The Principles of Scientific Management, New York/ London 1911.

Tönsing, Johanna: Das Wissen der Literatur über Selbstoptimierung. In: Optimierung des Selbst, hg. von Loreen Dalski u.a. Bielefeld 2022, S. 139–156.

Tönsing, Johanna: „Hallo, wer spricht? Hallo, wer spricht!" – Über die Poetik der Selbstoptimierung in der deutschsprachigen Gegenwartsliteratur. Bielefeld 2021.

Veblen, Thorstein: Theorie der feinen Leute. Eine ökonomische Untersuchung der Institutionen. Frankfurt a.M. 2007 (Theory of the leisure class, 1899).

Vertov, Dziga: Resolution des Rats der Drei vom 10.4.1923. In: Texte zur Theorie des Films. Hg. von Franz-Josef Albersmeier. Stuttgart 1979, S. 26–38.

Veth, Hilke: Literatur von Frauen. In: Die Literatur der Weimarer Republik, hg. von Bernhard Weyergraf. München 1995, S. 446–482.

Vogl, Joseph: Kalkül und Leidenschaft. Poetik des ökonomischen Menschen. Zürich [3]2008.

Vogl, Joseph: Poetik des ökonomischen Menschen. Metamorphosen des Subjekts in der Moderne. In: Zeitschrift für Germanistik, NF XVII/3, 2007, S. 547–560.

Wagener, Hans: Erich Kästner. Berlin: Colloquium Verlag 1984.

Wagner-Egelhaaf, Martina: Mystik der Moderne. Die visionäre Ästhetik der deutschen Literatur im 20. Jahrhundert. Stuttgart 1989.

Weber, Max: Die protestantische Ethik und der „Geist" des Kapitalismus (1904/5). Neudruck Stuttgart 2017.

Wells, Herbert George: Die Welt des William Clissold. Ein Roman mit einem neuen Standpunkt. Übers. von Helene Reiff u. Erna Redtenbacher. Berlin/Wien/Leipzig 1927 (2 Bd.).

Weyand, Björn: Poetik der Marke. Konsumkultur und literarische Verfahren 1900–2000. Berlin/Boston 2013.

Winkler, Laura: Körper – Hygiene – Kultur: Körperpraktiken der 1920er Jahre (2017). https://litkult1920er.aau.at/themenfelder/koerper-hygiene-kultur-koerperpraktiken-der-1920er-jahre/.

Wrobel, Dieter: Mediensatire wider die Entpolitisierung der Zeitung. Journalismuskritik in Romanen von Gabriele Tergit und Erich Kästner.

In: Josting, Petra/Fähnders, Walter (Hg.): Laboratorium Vielseitigkeit. Zur Literatur der Weimarer Republik. Bielefeld 2005, S. 267–286.

Wyss, Beat: Der Wille zur Kunst: zur ästhetischen Mentalität der Moderne. Köln 1996.

Ziehen, Theodor: Leitfaden der Physiologischen Psychologie. Jena 1911.

www.ingramcontent.com/pod-product-compliance
Ingram Content Group UK Ltd.
Pitfield, Milton Keynes, MK11 3LW, UK
UKHW041829290926
8980IPUK00002B/161

9 783631 917329